Jürgen Manemann
Demokratie und Emotion

X-Texte zu Kultur und Gesellschaft

X T E X T E
zu Kultur und Gesellschaft

Das vermeintliche »Ende der Geschichte« hat sich längst vielmehr als ein Ende der Gewissheiten entpuppt. Mehr denn je stellt sich nicht nur die Frage nach der jeweiligen »Generation X«. Jenseits solcher populären Figuren ist auch die Wissenschaft gefordert, ihren Beitrag zu einer anspruchsvollen Zeitdiagnose zu leisten.
Die Reihe X-TEXTE widmet sich dieser Aufgabe und bietet ein Forum für ein Denken ›für und wider die Zeit‹. Die hier versammelten Essays dechiffrieren unsere Gegenwart jenseits vereinfachender Formeln und Orakel. Sie verbinden sensible Beobachtungen mit scharfer Analyse und präsentieren beides in einer angenehm lesbaren Form.

Jürgen Manemann (Prof. Dr.) ist Direktor des Forschungsinstituts für Philosophie Hannover. In seinen Arbeiten setzt er sich u.a. mit gegenwärtigen Herausforderungen des politischen Zusammenlebens und den Folgen der Klimakrise auseinander.
Bei transcript erschienen: »Kritik des Anthropozäns. Plädoyer für eine neue Humanökologie« (2014), »Der Dschihad und der Nihilismus des Westens. Warum ziehen junge Europäer in den Krieg?« (2015) sowie »Philosophie des HipHop. Performen, was an der Zeit ist« (2018, zus. mit Eike Brock).

Jürgen Manemann

Demokratie und Emotion

Was ein demokratisches Wir von einem identitären Wir unterscheidet

[transcript]

Bibliografische Information der Deutschen Nationalbibliothek
Die Deutsche Nationalbibliothek verzeichnet diese Publikation in der Deutschen Nationalbibliografie; detaillierte bibliografische Daten sind im Internet über http://dnb.d-nb.de abrufbar.

Umschlaggestaltung: Kordula Röckenhaus, Bielefeld
Druck: Majuskel Medienproduktion GmbH, Wetzlar
Print-ISBN 978-3-8376-4979-6
PDF-ISBN 978-3-8394-4979-0
https://doi.org/10.14361/9783839449790

Gedruckt auf alterungsbeständigem Papier mit chlorfrei gebleichtem Zellstoff.
Besuchen Sie uns im Internet: *https://www.transcript-verlag.de*
Bitte fordern Sie unser Gesamtverzeichnis und andere Broschüren an unter: *info@transcript-verlag.de*

Inhalt

Mit »Wir« beginnen …

Demokratie – dieses Wort steht für ein Versprechen: die Herrschaft des Volkes. Diese Herrschaft erschöpft sich keineswegs im Wahlakt. Souverän kann das Volk nur sein, wenn die in der Demokratie lebenden Menschen sich selbst, und zwar sowohl kollektiv als auch individuell, regieren können. Kollektive und individuelle Selbstregierung sind unauflösbar miteinander verbunden. Bereits der Platonische Sokrates »kritisiert […] sowohl den einzelnen, der sich nicht um sich selbst (seine Seele) kümmert, wie menschliche Gemeinschaften, die nicht richtig eingerichtet sind, und parallelisiert in der *Politeia* schlechte Seelenverfassungen mit schlechten Staatsverfassungen«[1]. Wer also in der Demokratie etwas verändern will, muss beide Ebenen beachten: Menschen werden nur besser, wenn auch die Gesellschaft, in der sie leben, besser wird. Und eine Gesellschaft wird nur besser, wenn auch die Menschen in ihr bessere Menschen werden.[2]

Demokratie ist mehr als ein Regime. Sie ist eine Lebensform, und sie ist vor allem eins: ein Ereignis. Wir reden gegenwärtig viel über Systeme, über Institutionen und Strukturen der Demokratie; wir reden aber nicht über Demokratie als Lebensform und erst recht nicht über Demokratie als Ereignis. Demokratische Institutionen sind wichtig, auch wichtig, um Demokratie im Alltag

1 M. Hampe, Philosophie als Therapie. Das Beispiel von Deweys kritischem Pragmatismus, in: E. Schürmann/S. Spankebel/H. Wittwer (Hg.), Formen und Felder des Philosophierens. Konzepte, Methoden, Disziplinen, München 2017, 60-77, 66.

2 Vgl. ebd., 67.

zu leben. Sie helfen, die Lebensform Demokratie zu stabilisieren. Aber zu meinen, Institutionen seien das einzige Fundament der Demokratie, ist gefährlich: Lebensformen können nämlich ohne Institutionen existieren; Institutionen können aber nicht, allenfalls nur kurzfristig, ohne Lebensformen existieren. Wenn wir von Demokratie als Lebensform sprechen, dann geht es um ein Ensemble sozialer Praktiken und Orientierungen, die nicht streng kodifiziert oder institutionell verfasst sind. In den Fokus geraten dann Verschränkungen individueller mit kollektiven Praktiken.[3] Durch den Blick auf Demokratie als eine Lebensform tritt der experimentelle Wesenszug der Demokratie hervor. Aber auch die Lebensform Demokratie kann zu bloßen Routinen gerinnen, wenn sie nicht immer wieder durch ein demokratisches Ereignis unterbrochen wird, das einen Neuanfang konstituiert. Nur durch ein solches Ereignis kann Demokratie als Lebensform lebendig bleiben. Geht es doch immer um eine Lebensform als Bewegung, als Tun. Demokratie als Lebensform ist allerdings nur dann eine tätige Form, wenn sie im Ereignis gründet.

Demokratie ist in erster Linie ein Appellbegriff. Sie bezeichnet nicht nur einen Sachverhalt, sondern geht mit einer Aufforderung einher. Über Demokratie lässt sich schwerlich nur reden. Im Reden über sie schwingt, wenn auch häufig unausgesprochen, zwischen den Zeilen, der Wunsch mit, Demokratie möge sein. Es kommt deshalb darauf an, von Demokratie so zu sprechen, dass dieses Sprechen ein Beitrag zur Demokratiewerdung ist. Ein Nachdenken über Demokratie kann sich mithin nicht damit begnügen, die herrschenden politischen und gesellschaftlichen Zustände in den Blick zu nehmen und zu kritisieren. Es muss sich immer auch als Beitrag zur individuellen und kollektiven Existenzmitteilung verstehen, insbesondere in einer Situation, in der Existenz – individuell und kollektiv – bedroht ist. Es reicht folglich nicht aus, über Demokratie zu sprechen. Verlangt ist ein Sprechen, das die Distanz zwischen dem Sagen und dem Gesagten aufbricht. Es ist von »uns« zu sprechen, von denjenigen, die sich als Demokrat*innen verstehen.

3 Vgl. R. Jaeggi, Kritik der Lebensformen, Berlin 2014, 77/78.

Es gilt deshalb, mit dem »Wir« zu beginnen. Das ist keine leichte Angelegenheit:

> »Der demokratische Plural, ›wir‹, kommt nicht immer leicht über die Lippen oder auf das Papier – das ist ein interessantes Indiz in der Beobachtung der Demokratie. Wann verstehen wir uns als Teil einer kollektiven Identität? Wann können wir ›wir‹ sagen, ohne dass es schmerzt? ›Wir‹ ist die grammatikalische Form demokratischer Herrschaft, in der man konsequenterweise nicht von ›den Politikern‹ oder ›dem Staat‹ reden kann, ohne in Abrede zu stellen, dass man in einer Demokratie lebt. In der Demokratie handeln nicht andere für uns, sondern wir handeln.«[4]

Wer aber ist dieses »Wir«? Am 9. Oktober 1989 »drückte sich dieses ›Wir‹ im Vokabular der Identität aus: Erstmals wendete sich die Formel von ›Wir sind *das* Volk!‹ zu ›Wir sind *ein* Volk!‹ – damals allerdings noch nicht, um die staatliche Einheit Deutschlands zu fordern, sondern um die Beamten der Volkspolizei daran zu erinnern, dass ihnen keine Fremden, sondern die eigenen Verwandten, Nachbarn, Freunde gegenüberstanden. Gegen die falsche Einheit der ›Einheitspartei‹ war damit der Verweis auf das *eine* Volk formuliert.«[5]

Heute rufen Pegida-Anhänger*innen Woche für Woche in Dresden »Wir sind das Volk!«. Das dort reklamierte Wir ist ein identitäres Wir. Es steht für die Homogenisierung des demos: für ethnos.[6] Die Idee eines identitären Wir ist jedoch nicht nur anti-demokratisch, sondern auch anti-politisch. Der Raum des Politischen ist nämlich immer schon plural konstituiert. Das war bereits für Aristoteles offensichtlich, dem wir das Wort Politik verdanken.

Aristoteles zufolge sind wir Menschen politische Lebewesen. Unser Politischsein hebt sich von der Sozialität der Tiere dadurch ab, dass wir sprach- und vernunftbegabt sind. Mittels der Sprache

---

4 C. Möllers, Demokratie – Zumutungen und Versprechen, [2]2009, 12.

5 F. Heidenreich, Was ist und wie entsteht demokratische Identität?, in: S. Wendel (Hg.), Was ist und wie entsteht demokratische Identität?, Göttingen 2013, 15-31, 15.

6 Vgl. ebd., 16.

können wir uns Vorstellungen vom Richtigen und Falschen, vom Gerechten und Ungerechten machen. Der Streit darüber ist der Motor der Politik. Das Politischsein kommt uns aber nicht von Geburt an zu. Es entsteht erst in einem Zwischenraum, dann, wenn wir anderen Menschen begegnen, die sich von uns unterscheiden, andere Interessen verfolgen und unterschiedliche Ansprüche stellen. Es ist dieses Zwischen, das den Raum des Politischen konstituiert. Ohne die Verschiedenheit der Menschen untereinander gäbe es also gar keine Politik. Die Philosophin Hannah Arendt hat es auf den Punkt gebracht: Wer Pluralität aufhebt, löst Politik auf.[7] Zur Politik befähigt werden wir durch unsere Leidempfindlichkeit, welche die Voraussetzung dafür ist, nicht nur das eigene Leid, sondern auch das Leid Ander*er wahrzunehmen (der Asterisk steht für die Fallstricke der Rede von Anderen; die Großschreibung für die Alterität).

In liberalen Demokratien ist heutzutage beides, Leidempfindlichkeit und Pluralität, bedroht. Das Empörende ist, dass »der Erfolg des Liberalismus in manchen Ländern das politische Einfühlungsvermögen hat verkümmern lassen«[8]. Dabei steht am Anfang des Liberalismus eine Gefühlsreaktion: ein tiefer Schrecken angesichts der erfahrenen Gewalttaten in den Religionskriegen. Die Furcht vor dieser Gewalt ist der Ursprung des Liberalismus.[9] Keine andere Politologin hat diesen Zusammenhang so deutlich hervorgehoben wie Judith Shklar. Diese Furcht resultiert Shklar zufolge aus unserer Verletzbarkeit. Bei der Verletzbarkeit des Menschen ist auch heute anzusetzen. Aber durch sie werden wir nicht zuerst auf den »Liberalismus der Furcht« verwiesen, wie Shklar meinte. Gerade angesichts gegenwärtiger Verkümmerungstendenzen unseres politischen Einfühlungsvermögens reicht diese Perspektive nicht aus. Wir brauchen heute einen radikalen Demokratismus der Mitleidenschaft. Dieser gründet in unserer Leidempfindlichkeit. Mit dem Wir beginnen heißt deshalb, mit den Zuständen unseres politischen Empfindungsvermögens zu beginnen.

---

7 Vgl. H. Arendt, Was ist Politik? Fragmente aus dem Nachlaß, München/Zürich 1993, 9.

8 J. Shklar, Der Liberalismus der Furcht, Berlin 2013, 31/32.

9 Ebd.

I. Das identitäre Wir

In der Gegenwart lassen sich anti-politische Affekte diagnostizieren, die auf die Zerstörung der Leidempfindlichkeit und der Pluralität abzielen. Ein anti-plurales Wir-Gefühl macht sich breit. Seinen radikalsten Ausdruck findet es im identitären Wir, das immer wieder dadurch in Erscheinung tritt, dass es öffentliche Räume mit Aktionen kurzfristig besetzt. Besetzungen sind das »Markenzeichen der Identitären Bewegung«[1]. Das identitäre Wir tritt in zwei unterschiedlichen Formen auf: dem populistischen Wir und dem I(!)dentitären Wir. Dieses Wir sehnt das Volk als Einheit herbei und stellt es als »Eines« vor. Wenn vom identitären Wir die Rede ist, erübrigt sich das Gendersternchen.[2] Es zeichnet sich nämlich dadurch aus, dass es den Anspruch erhebt, radikal anti-gendergerecht zu sein.

1. Das populistische Wir

Im Fokus des populistischen Wir steht die Idee der Leitkultur. Das AfD-Positionspapier »Leitkultur, Identität, Patriotismus«[3], das sich ausdrücklich dieser Idee widmet, beginnt mit einem konkreten Anlass:

---

1 M.A. Müller, Kontrakultur, Schnellroda ²2017, 39.

2 Im Text fehlt das Gendersternchen, wenn ich mich auf Aussagen und Perspektiven des identitären Wir beziehe.

3 Leitkultur, Identität, Patriotismus. Ein Positionspapier der AfD-Fraktion im Thüringer Landtag als Beitrag zur Debatte um die deutsche Leitkultur, Erfurt

> »Im Mai 2017 schrieb die damalige SPD-Integrationsbeauftragte des Bundes, Aydan Özuguz: ›Eine spezifisch deutsche Kultur ist, jenseits der Sprache, schlicht nicht identifizierbar‹. Diese Behauptung offenbart nicht nur einen bizarren Mangel an Bildung, sondern auch die politische Agenda, die Özuguz – die hier stellvertretend für viele Politiker von der CDU bis zur Linkspartei steht – verfolgt.«

Wer deutsche Kultur so verstehe, kenne keinen Grund mehr, vom deutschen Volk zu sprechen und stehe deshalb für die »Abschaffung Deutschlands«. Das Papier beginnt bewusst nicht mit einer eigenen positiven Bestimmung des Begriffs Leitkultur. Es beginnt mit einer Negation, die ein Feindbild an den Anfang der eigenen Positionierung stellt: die deutsche Sozialdemokratin und Beauftragte der Bundesregierung für Migration, Flüchtlinge und Integration, Aydan Saliha Özoğuz, deren Eltern als »Gastarbeiter« nach Deutschland kamen. Dieses Feindbild soll den Lesern als hermeneutischer Schlüssel dienen, um die Ausführungen zur Leitkultur von Beginn an im Zusammenhang einer Freund-Feind-Unterscheidung zu verstehen. Es verwundert nicht, dass auch die anschließenden einführenden genealogischen Bemerkungen zur Debatte über die Leitkultur den Zweck verfolgen, den Begriff unauflösbar mit einem Ausnahmezustand zu verbinden: die »Masseneinwanderung aus außereuropäischen, insbesondere muslimischen Kulturen«. Dadurch soll ein Bedrohungsgefühl ausgelöst werden, welches die Voraussetzung dafür ist, den Begriff Leitkultur als einen Kampfbegriff auszuweisen, der nun gegen Relativismus und Multikulturalismus in Stellung gebracht wird. Die mit diesen Begriffen verbundenen politischen Projekte hätten keine Antwort auf den »Zustrom von Fremden, die mit der europäischen und deutschen Lebensweise nicht vertraut sind und diese in Teilen sogar geringschätzen und zurückweisen«. Demgegenüber stehe »Leitkultur« für klare Orientierung. Sie sei das »Unverhandelbare« (Lothar de Maizière). Selbstverständlich sei auch die Verfassung von großer Bedeutung. In dem Papier wird ihr allerdings im Blick auf die deut-

---

2018. Die folgenden Zitate finden sich auf den Seiten 6, 7, 15, 16, 17, 18, 24, 27, 29-30, 37, 44.

sche Leitkultur eine nachrangige Bedeutung zugewiesen, sei sie doch das Resultat einer spezifischen Nationalgeschichte: »Ohne die Nationalgeschichte bliebe die jeweilige Verfassung nicht nur unverständlich, sondern könnte gar keine Wirklichkeit gewinnen.« Deshalb sei auch die Idee eines Verfassungspatriotismus ohne die Behauptung einer deutschen Leitkultur leer.

Das sei den Verfechtern der Idee des Verfassungspatriotismus auch bewusst und so versuchten sie, diese Leerstelle durch die Reklamation von Werten zu füllen. Bei diesen Versuchen sei jedoch äußerste Vorsicht geboten, da der Rekurs auf Werte häufig missbraucht würde, um Andersdenkende zu diskriminieren, und leicht in eine »Tyrannei der Werte« (N. Hartmann) münde. So ziele beispielsweise die Forderung nach Vielfalt »auf die Durchmischung der Bevölkerung mit Personengruppen anderer Hautfarbe« ab. Dieser Forderung »dürfte nicht zuletzt die Verachtung des Eigenen in Form einer Verachtung der eigenen (weißen) Hautfarbe (oder des ›Weißseins‹) zugrunde liegen«.

In dem Papier wird einer statischen Vorstellung von Identität eine Absage erteilt. Identität bleibe immer ein Stück weit rätselhaft. »Folglich lässt sich eine Identität niemals abschließend oder erschöpfend beschreiben, definieren oder festlegen.« Schließlich werden diverse Bestandteile deutscher Identität aufgelistet:

> »Von allergrößter Bedeutung ist [...] die deutsche Sprache als identitätsbildender Faktor. Was sodann die deutsche Identität ausmacht, manifestiert sich in geographischen Orten und historischen Daten, in Bauwerken und Denkmälern, in Bildern, Emblemen und Symbolen, in literarischen Werken, in Liedern und Gedichten, in repräsentativen Personen, in Traditionen, in Festen und nicht zuletzt in mythischen Erzählungen sowie in der besonderen Ausprägung bestimmter Tugenden, in denen sich die Eigentümlichkeiten des Nationalcharakters zeigen. In alledem kommt die deutsche Seele zum Ausdruck, spiegeln sich Mentalität, Sichtweisen, Wahrnehmungen und Gefühle, die das prägen, was uns als Gemeinschaft ausmacht.«

Eine deutsche Leitkultur gebe es nicht ohne ein historisches Bewusstsein, das die eigene Geschichte nicht verachte: »Erst der gelebte Rekurs auf die gemeinsame Geschichte, auf das nationale kollektive Gedächtnis ermöglicht die Bildung eines ›Wir‹ jenseits der individuellen Bedürfnisse des ›homo oeconomicus‹; ein ›Wir‹ ohne das es den demokratischen Staat gar nicht geben kann.« Die Idee der Leitkultur wird schließlich mit einer ethnoplural getönten Perspektive verbunden: »Tatsächlich schließen sich die Pluralität der Nationen einerseits und der Begriff einer universalen Menschheit nicht aus, sofern der Begriff der Menschheit nicht falsch verstanden wird. Die Menschheit ist nicht die globale Gesamtheit aller gerade lebenden Individuen, sondern sie begegnet in der Vielzahl der historischen Völker und Kulturen, in denen sich die Individuen entfalten und entwickeln.« Soweit zu dieser Positionsbestimmung.

Rechtspopulistische Parteien und deren Vorsitzende treten mit dem Anspruch einer »direkten Repräsentation« (Nadja Urbinati) auf. Sie behaupten, den Volkswillen zu identifizieren und zu vollstrecken. Dieser Anspruch beruht auf der Vorstellung einer Identität von Regierenden und Regierten.[4] Einer solchen Deutung wird zwar von dem Fraktionsvorsitzenden der AfD-Bundestagsfraktion, Alexander Gauland, widersprochen: Die AfD sei gegen das Establishment – ja, aber sie repräsentiere nicht das Volk.[5] Hier handelt es sich allerdings um einen performativen Selbstwiderspruch, denn im selben Text, in dem er diese Deutung bestreitet, beschreibt er die AfD als eine populistische Partei, wobei er zuvor ausdrücklich hervorhebt, dass bereits im Begriff Populist das Wort Volk stecke. In diesem etymologischen Verweis klingt ein Anspruch an, der genau für das steht, was Gauland bestreitet. Ebenso unterstreicht die Rhetorik des Textes mit jeder Zeile das Anliegen. Wenn Populismus eine Selbstbezeichnung der AfD ist, dann steckt in dieser auch die Behauptung, das Volk zu sein.

Das populistische Wir ist ein homogenes, auf Selbsterhaltung ausgerichtetes Wir. So kann Gauland sagen:

> »Meine Damen und Herren, in nahezu jeder Rede während des Bundestagswahlkampfes habe ich den großen Philosophen und

---

4 Vgl. J.-W. Müller, Was ist Populismus? Ein Essay, Suhrkamp E-Book, Pos. 617, 773.

5 Vgl. A. Gauland, Populismus und Demokratie, in: Sezession 88/2019, 14-21.

> Freigeist Baruch Spinoza mit dem Satz zitiert, sich selbst im Sein zu erhalten sei das erste und einzige Prinzip der Individuation: Das gilt für Personen und für Völker. Das elementare Bedürfnis eines Volkes besteht darin, sich im Dasein zu erhalten. Das ist im Grunde unser Parteiprogramm in einem Satz. Es geht uns einzig um die Erhaltung unserer Art zu leben.«

Das populistische Wir strebt laut Gauland jedoch keine Identität im Sinne ethnischer Reinheit an: »Völker sind nichts Statisches, sie nehmen Fremdes auf und verändern sich dadurch, und wenn dieser Prozeß der Einverleibung und wechselseitigen Prägung allmählich stattfindet, ist nichts dagegen zu sagen.« Wichtig ist hier die Körpermetapher »Einverleibung«. Sie demonstriert: Das populistische Wir schließt ein und gleichzeitig ausdrücklich aus, und zwar in negativer Anschärfung. Das drückt sich vor allem in der politischen Rhetorik aus, mit der es eingerahmt wird, und in dem Sound des Ex-Klusiven, mit dem es unterlegt wird. Es ist ein gewaltaffines identifizierendes Wir, das sich antagonistisch bestimmt: Sesshafte gegen Nomaden, Somewheres gegen Anywheres, Volk gegen Elite, nationale Arbeiterschaft und nationales Bürgertum gegen globalistische Klasse.

Der Literaturwissenschaftler Heinrich Detering hat nachgewiesen, dass das populistische Wir fast immer negativ bestimmt wird und sich in »Hassfloskeln« artikuliert.[6] Seine Analyse offenbart den diskriminierenden Grundzug des populistischen Wir, den seine Vertreter*innen oft mit vermeintlich unschuldig vorgetragenen ethnopluralen Positionen zu kaschieren versuchen. Andere Völker werden als »kulturfremde Völker« (Alice Weidel) bezeichnet. Solche Aussagen sind vor dem Hintergrund anderer Äußerungen zu deuten, etwa derjenigen, dass die nach Deutschland geflüchteten Muslim*innen »Kopftuchmädchen und Messermänner« sei-

6 Vgl. zu den folgenden Ausführungen und Zitationen: H. Detering, Zur Rhetorik der parlamentarischen Rechten – ›Wer ist wir?‹, Vortrag auf der Vollversammlung des Zentralkomitees der deutschen Katholiken am 23./24. November 2018, in: https://www.zdk.de/veroeffentlichungen/reden-und-beitraege/detail/Impulsvortrag-Zur-Rhetorik-der-parlamentarischen-Rechten-Wer-ist-wir-Prof-Dr-Heinrich-Detering--413s/ (Stand: 22.04.2019).

en. »Kulturfremde Völker« stehen demnach nicht für eine andere Kultur, sondern dafür, gar keine Kultur zu besitzen. Im klassischen Griechenland hießen diese Gruppen »die Barbaren«. Diese Völker fallen dann aber aus der ethnopluralen »Toleranz« heraus. Die Behauptung des Identitären Aktivisten Mario Alexander Müller, dass der Ethnopluralismus jeder Kultur ihren angestammten Ort zugestehe und sich folglich auch »der chauvinistische Rassismus und der antisemitische Fetisch« erübrigten, stimmt deshalb nicht.[7] Wohlgemerkt: Müller spricht nicht davon, dass sich Rassismus und Antisemitismus erübrigen würden, sondern lediglich »der chauvinistische Rassismus und der antisemitische Fetisch«.

Die rassistische Grundierung des populistischen Wir ist offensichtlich.[8] So werden Metaphern benutzt, die nahtlos aus dem Bereich der Kultur in den der Biologie übergehen. Dadurch wird ein »Wir« reklamiert, das »hier verwurzelt [ist, J.M.], naturwüchsig, ein Volk wie ein Baum; die Volks-Fremden werden uns aufgepfropft als biologisch fremde Triebe. Die Metapher ist in ihrem Kern rassistischer, als man es ihr ansieht.« – so Detering im Blick auf eine Rede von Gauland, in der dieser der »Kanzler-Diktatorin« vorwirft, dass sie das deutsche »Volk völlig umkrempelt und viele fremde Menschen uns aufpfropft«.

Das populistische Wir wird vom Hass angetrieben. Hass wird sogar ausdrücklich gerechtfertigt. So sagt Gauland: »Hass ist keine Straftat und hat zweitens in der Regel Gründe.« Detering legt scharfsinnig die rhetorische Perfidie dieses Satzes offen. Der Satz »baut auf die vermeintliche Evidenz des Banalen, meint aber etwas Anderes. ›Hass ist erstens keine Straftat und hat zweitens in der Regel Gründe‹ meint: Begründeter Hass erzeugt begründete Straftaten. Und am Ende sind es dann nicht einmal Straftaten gewesen, sondern nur Ausdruck der berechtigten ›Empörung über die Folgen der Einwanderungspolitik der Kanzlerin‹ und Ausübung des Rechts auf Versammlungsfreiheit.«

Gauland versucht immer wieder, die Emotion des Zorns gegen das System und ihre Repräsentant*innen und die des Stolzes auf die

7 M.A. Müller, Kontrakultur, Schnellroda ^{2}2017, 79.

8 Ich orientiere mich weiter an H. Detering, Rhetorik.

Geschichte des Nationalsozialismus zu wecken. Die Franzosen und die Briten seien stolz: stolz auf Napoleon, Lord Nelson und Churchill. Detering weist am Satzbau der Rede Gaulands nach, dass es hier nicht um den Stolz auf die »Leistungen deutscher Soldaten in zwei Weltkriegen« geht, sondern von Gauland an dieser Stelle nur der Stolz auf Adolf Hitler gemeint sein kann.

Der Fraktionsvorsitzende der AfD im Thüringer Landtag, Björn Höcke, gliedert aus dem Volks-Wir die von ihm diffamierten Parteien, Gewerkschaften und Kirchen aus. An seinen Aussagen kann Detering demonstrieren, dass das populistische Wir auf einem Führerprinzip beruht:

> »Bemerkenswert an Höckes Dresdner Rede scheint mir aber nicht nur das, was er sagt, sondern auch der Redegestus, in dem er das tut. Die Instanz, auf deren Autorität er seine Behauptungen baut, ist keine Ideologie oder politische Bewegung. Sondern diese autoritative Instanz ist allein er selbst. Je länger er spricht, desto intensiver grenzt er nicht nur ›die dort‹ von ›uns hier‹ ab, sondern auch ›euch‹ von ›mir‹. Er, der Einzelne, besitzt die Fähigkeit, Vergangenheit, Gegenwart und Zukunft souverän zu überblicken und alle Täuschungen zu durchschauen; und er besitzt infolge dieser Fähigkeit die Vollmacht, uns, den Vielen, den Weg zu weisen, ja ausdrücklich Weisungen zu erteilen: ›ich will es euch nicht leicht machen. Ich weise euch einen langen und entbehrungsreichen Weg. Ich weise dieser Partei einen langen und entbehrungsreichen Weg.‹ Das ist das Führerprinzip, geronnen zur autoritären Syntax.«

Wer ernsthaft nach der Identität suche, so Detering, der werde sie in der gemeinsamen Sprache finden: »Es sind die in dieser Sprache formulierten Weltsichten, Religionen, Lebensweisen und Anschauungen aller in dieser Sprache über Räume und Zeiten hinweg verbundenen Menschen, und zwar in eben der Vielfalt der Identitäten, die ihr Reichtum und ihr Glück ist.« Mit dieser Aussage leitet Detering einen Vorfall ein, der die Klammer dieses Kapitels über das populistische Wir bildet und mit dem das Positionspapier zur Leitkultur beginnt:

> »Genau diesen Gedanken [die Identität einer nationalen Kultur liegt in ihrer gemeinsamen Sprache, J.M.] nun hat am 14. Mai 2017 die Integrationsbeauftragte der deutschen Bundesregierung wiederholt [...]. ›Eine spezifisch deutsche Kultur‹, schrieb sie in der taz, ›ist, jenseits der Sprache, schlicht nicht identifizierbar.‹ In der Sprache aber, da existiert sie eben, da ist sie lebendig, in der Vielfalt all ihrer Varianten. Nun ist die Integrationsbeauftragte Aydan Özoguz aber eine deutsche Staatsbürgerin, die aus einer türkischen Familie stammt, und dieser Umstand hat ihren Satz in den Ohren von Höckes völkisch-rassistischen Truppen wie Hohn klingen lassen. Vor AfD-Anhängern im Eichsfeld hat Alexander Gauland über Frau Özoguz bemerkt: ›Ladet sie mal ins Eichsfeld ein, und sagt ihr dann, was spezifisch deutsche Kultur ist. Danach kommt sie hier nie wieder her, und wir werden sie dann auch, Gott sei Dank, in Anatolien entsorgen können.‹ Nicht nur das ›entsorgen‹ sollte hier aufhorchen lassen, das für Schlagzeilen und nachträgliche Relativierungen sorgte, sondern noch zwei andere Aspekte. Erstens: Warum wird Frau Özoguz, wenn ihr von den Bewohnern des Eichsfeldes gezeigt worden ist, ›was spezifisch deutsche Kultur ist‹, anschließend ›nie wieder her‹ kommen? Welches Spezifikum der spezifisch deutschen Kultur sollte hier der Frau Özoguz vermittelt werden? Welcher Art ist diese Vermittlung, wenn die Adressatin anschließend ›entsorgt‹ werden muss? Und zweitens: Wer ist das ›wir‹, das Frau Özoguz ›in Anatolien entsorgen‹ will? Es sind, folgt man dem Text, die Vertreter jener spezifisch deutschen Kultur. Sie gleichen zum Verwechseln Bandenmitgliedern, die es ihren Opfern erst richtig zeigen, sie dann erledigen und schließlich entsorgen. Nein, Gaulands Sprache ist auch hier wahrhaftig nicht die Sprache Goethes und Fontanes. Sie ist bloß der schlecht verkleidete Jargon von Gangstern.«

Wer ein moralisch reines, homogenes Volk reklamiert und alle Ander*en, die nicht dazugehören, als unmoralisch, korrupt und parasitär verteufelt, bereitet der Anti-Politik den Boden.[9] Wer mit dem Ausruf »Wir sind das Volk« zum Ausdruck bringen will, dass

9 Vgl. J.-W. Müller, Populismus, Pos. 443.

Menschen anderer Religionen und Kulturen, dass Menschen, die andere Ansichten vertreten, nicht zum Volk gehören, zerstört den Raum der Vielheit. Und wenn eine Partei insinuiert, nichts weniger als das Volk zu repräsentieren[10], dann wird der konstitutive Raum des Politischen, der Raum des Zwischens, vernichtet und mit ihm Politik. Dieser anti-plurale Affekt, der sich in der Gegenwart ausbreitet, beseitigt die Grundlage von Politik: Pluralität. Die emotionale Grundkraft dieser Anti-Politik ist der Hass, der gegen jegliche Form mitfühlender Empathie in Stellung gebracht wird.

2. Das Identitäre Wir

Die Identitäre Bewegung startete im deutschsprachigen Raum unter dem Kürzel: W.I.R. (Wiens Identitäre Richtung).[11] Zur »Identitären Bewegung Österreichs« wurde diese Gruppe erst nach der Besetzung einer im Bau befindlichen Moschee in Poitiers durch 60 junge Franzosen am 20. Oktober 2012, die die Parole riefen: »732 – Génération Identitaire«[12]: »Siebenhundertzweiunddreißig, das war das Jahr, in dem der fränkische Feldherr Karl Matell bei ebendieser Stadt, in der nun eine Moschee errichtet werden sollte, den Feldherrn Abd ar-Rahman geschlagen und die islamische Invasion zurückgedrängt hatte.«[13] Das Identitäre Wir gründet in einem anti-islamischen Affekt. Es ist das Wir der »Jugend ohne Migrationshintergrund«: »Wir sind die Jugend, die für einen falschen Blick, eine verwehrte Zigarette oder bei dem Versuch, einen Streit zu schlichten, totgetreten wird. Die Jugend, die den Preis bezahlen muß für eine Entscheidung, an der sie nie beteiligt wurde.«[14] Dieses Bedrohungsszenario wird von dem Identitären Denker Götz Kubitschek zum Ausnahmezustand stilisiert: Das bunte Wir, das

10 Vgl. ebd., Pos. 462.

11 Vgl. M. Sellner, Identitär! Geschichte eines Aufbruchs, Schnellroda ³2019, 16.

12 Vgl. M.A. Müller, Kontrakultur, 94, und M. Sellner, Identitär! Geschichte eines Aufbruchs, Schnellroda ³2019, 7 (Sellner spricht von 40 Aktivisten).

13 M.A. Müller, Kontrakultur, 94.

14 Ebd., 138.

Liberale und Linke so gerne adressierten, sei keineswegs ein friedfertiges Wir,

> »sondern aggressiv bis zur offenen Gewalt, vor allem dort, wo sich eine starke ausländische Unterschicht in zweiter oder schon dritter Generation eingerichtet hat, ohne assimiliert zu sein, und ständig aufwachsend durch den Zugang hungriger dritter, vierter Söhne. Die deutschen Jugendlichen, die mancherorts längst in der Unterzahl sind, haben der offenen Gewalttätigkeit türkischer, arabischer, kurdischer Jugendbanden nichts entgegenzusetzen. Sie werden beleidigt, gedemütigt, verfolgt, bedroht, erpreßt, mißhandelt, verprügelt, krankenhausreif geschlagen, mitunter lebensgefährlich verletzt, und ab und an wird auch einer totgeschlagen.«[15]

Das Identitäre Wir nennt sich ethnoplural. Was das heißt, erläutert der Identitäre Aktivist Mario Alexander Müller in der »Zeit«:

> »Was ist denn das, nichtdeutsch?
> ›Das ist eine Frage der ethnokulturellen Identität.‹
> Ein Sohn türkischer Eltern, der in Stuttgart geboren und dort zur Schule gegangen ist, seit Jahrzehnten in Deutschland lebt, kann der deutsch sein?
> ›Nein, kann er nicht. Ich kann ja auch einen Hund nicht einfach Katze nennen.‹«[16]

Das ethnoplurale Wir sieht sich als Teil eines Pluriversums der Völker.[17] Die Idee des Ethnopluralismus ist Teil des Kampfes um die kulturelle Hegemonie. In diesem Kampf knüpft die Neue Rechte

---

15 G. Kubitschek, Provokation, Schnellroda ^{2}2018, 10.

16 M.A. Müller, in: L. Frehse/P. Middelhoff, Identitäre Bewegung. Keinen! Meter! Weichen!, in: DIE ZEIT Nr. 15/2018. Vgl. dazu auch: S. Heide, Im Kampf gegen den Zeitgeist. Das Identitäre Zentrum in Halle, in: A. Speit (Hg.), Das Netzwerk der Identitären: Ideologie und Aktionen der Neuen Rechten (Politik & Zeitgeschichte), (Ch. Links E-Book), 81.

17 Die folgenden Ausführungen zum Ethnopluralismus entlehne ich meinem Beitrag in: J. Manemann/Y. Arisaka/V. Drell/A.M. Hauk, Prophetischer Pragmatismus. Eine Einführung in Cornel West, Müchen ^{2}2013, 71-75.

und mit ihr dann später die Identitäre Bewegung nicht mehr bei Vorstellungen der »Rasse« an, sondern widmet sich dem Kulturbegriff. Der Grund für diesen Wechsel ist das Scheitern der NPD, welches auf einen veralteten Nationalismus zurückgeführt wird, der immer wieder eine zu starke Nähe zum Nationalsozialismus aufweist. Ausgehend von den gerade von Studierenden positiv beurteilten Entkolonialisierungsprozessen thematisiert man deshalb die Aspekte »Identität« und »Selbstfindung«. In diesem Zusammenhang werden nun ethnoplurale Konzepte entwickelt, die die Kulturen nicht als einander über- oder unterlegen betrachten, sondern sie in ein komplementäres Verhältnis zueinander setzen. Wichtig ist dabei die Vermittlung der Vorstellung, dass Identitätsbildung notwendigerweise Absetzung voraussetze. »Kultur« und »Rasse« werden in diesen Entwürfen zu changierenden Begriffen. Als ursächlich für die Entfremdung der Identität wird die moderne Welt betrachtet. Immer wieder wird in diesen Zusammenhängen ein kausaler Nexus hergestellt zwischen kulturellen Entfremdungen und dem Universalismus von Christentum, Judentum, kapitalistischem Liberalismus und Marxismus. Hier spiegelt sich deutlich der Einfluss der Nouvelle Droite und ihres einflussreichsten Denkers, Alain de Benoist, wider.[18]

Die Idee des Ethnopluralismus ist eine Tarnstrategie. Wie man strategisch vorgeht, wird beispielsweise sehr gut in einem Beitrag aus dem Jahr 1973 in der Zeitung »LA-PLATA-RUF«, herausgegeben von Wilfried von Oven, dem ehemaligen Goebbels-Adjutanten, illustriert:

> »Wir müssen unsere Aussagen so gestalten, dass sie nicht mehr ins Klischee des ›Ewig-Gestrigen‹ passen. Eine Werbeagentur muß sich auch nach dem Geschmack des Publikums richten und nicht nach dem eigenen. Und wenn Kariert Mode ist, dann darf man kein Produkt mit Pünktchen anpreisen. Der Sinn unserer Aussagen muß freilich der gleiche bleiben. Hier sind Zugeständnisse an die Mode zwecklos. In der Fremdarbeiter-Frage etwa erntet man mit

18 Vgl. J. Manemann, Carl Schmitt und die Politische Theologie. Politischer Anti-Monotheismus, Münster 2002, 38/39.

> der Argumentation ›Die sollen doch heimgehen‹ nur verständnisloses Grinsen. Aber welcher Linke würde nicht zustimmen, wenn man fordert: ›Dem Großkapital muß verboten werden, nur um des Profits willen ganze Völkerscharen in Europa zu verschieben.‹ Der Sinn bleibt der gleiche: Fremdarbeiter raus! Die Reaktion der Zuhörer aber wird grundverschieden sein.«[19]

Das Identitäre Wir grölt heute nicht: »Ausländer raus!«, sondern entwirft ethnoplurale Konzepte. Die Verschiedenheit der Völker gelte es zu respektieren, deshalb solle man die Völker nicht entwurzeln.[20] Grenzverwischungen seien zu vermeiden, die Unvereinbarkeit der Lebensweisen und Traditionen anzuerkennen.[21] Zugrunde gelegt wird ein essentialistisches Kulturverständnis, in dem Kulturen als quasi-naturwüchsige Gebilde erscheinen, die man nur um den Preis der eigenen Identitätsaufgabe verändern könne.[22] Der Begriff »Ethnopluralismus« soll den offensichtlichen Rassismus des Identitären Wir verdecken. Dazu dienen auch ethnoplurale Phrasen, so etwa »100 % Identität – 0 % Rassismus«[23].

Am Anfang der Genese des Identitären Wir stehen als Anti-Figuren nicht die Frauen, die Schwulen, die Lesben, auch nicht die Transpersonen oder Interpersonen. Am Anfang steht der Feind und der Denker der Feindschaft par excellence: Carl Schmitt, der soge-

---

19 So die Autorin »Thora« Ruth (»Thora« Pedersen), in: M. Dietzsch, Zwischen Konkurrenz und Kooperation. Organisation und Presse der Rechten in der Bundesrepublik, in: S. Jäger (Hg.), Rechtsdruck. Die Presse der Neuen Rechten, Berlin/Bonn 1988, 31-80, 33/34.

20 Vgl. F. Hundseder, »Neue Rechte« – Durch Eliten zum Erfolg?, in: »Neue Rechte«. Was steckt dahinter? Materialien zum Rechtsextremismus. Bd. 1, Düsseldorf [2]2000, 6-9, 7.

21 Vgl. U. Worm, Programmatik und Ideologie der »Neuen Rechten«, in: »Neue Rechte«, 10-12, 11.

22 Vgl. A. Pfahl-Traughber, »Konservative Revolution« und »Neue Rechte«. Rechtsextremistische Intellektuelle gegen den demokratischen Verfassungsstaat, Opladen 1998.

23 Zit. n.: A. Speit, APO von rechts? Vorwort, in: Ders. (Hg.), Das Netzwerk der Identitären. Ideologie und Aktionen der Neuen Rechten, Berlin 2018, 11.

nannte »Kronjurist des III. Reiches« (Waldemar Gurian).[24] Schmitt ist der Startheoretiker der Neuen Rechten und der Identitären Bewegung. In dem Handbuch der Identitären Bewegung »Kontrakultur« widmet Müller Schmitt nicht nur einen eigenen Beitrag. In dem Buch gibt es diverse Bezüge auf Schmitt: Souveräne Politik, so heißt es dort, sei nur möglich, »wenn eine Gemeinschaft (ein Staat) zwischen einem *Wir* und einem *die Anderen* unterscheidet. Das bedeutet, daß sich Staat und Staatsvolk unmittelbar gegenseitig definieren, und zwar in Abgrenzung zu allem, was sich von ihnen unterscheidet. Der Staat im Sinne Schmitts ist damit ein weitgehend homogener Nationalstaat, denn nur in ihm ist eine größtmögliche Identität von Herrschern und Beherrschten sichergestellt.«[25] Für Müller ist Schmitt ein »Ethnopluralist *avant a lettre*«[26]. Aber seine Feindtheorie sei frei von allen Diskriminierungen, da Schmitt den Feind nicht herabwürdige. Schmitt bringt Müller zufolge das, was Identitäre Essenz ausmacht, auf den Punkt: »›Dadurch daß ein Volk nicht mehr die Kraft oder den Willen hat, sich in der Sphäre des Politischen zu halten‹ – sprich: zwischen sich und den anderen Völkern zu unterscheiden – ›verschwindet das Politische nicht aus der Welt. Es verschwindet nur ein schwaches Volk.‹«[27] Demokratie bedeutet in diesem Verständnis »identitäre Demokratie«, das heißt: »homogene ›Volksdemokratie‹«[28].

Wer von Carl Schmitt spricht, der darf vom Feind nicht schweigen. Und es verwundert schon sehr, dass »Feind« als Stichwort im Handwörterbuch der Identitären nicht vorkommt. Das könnte zwei Gründe haben: Erstens, man möchte den Leser nicht verschrecken; zweitens, die Auseinandersetzung mit dem Feind würde die anti-plurale Grunddimension des Ethnopluralismus in ihrer kriegerischen Dimension nur allzu offenbar werden lassen. Für Schmitt

---

24 Vgl. J. Manemann, Carl Schmitt, in: H.-R. Schwab (Hg.), Eigensinn und Bindung. Katholische deutsche Intellektuelle im 20. Jahrhundert. 39 Portraits, Kevelaer 2009, 215-234.

25 M.A. Müller, Kontrakultur, 258.

26 Ebd.

27 Ebd., 259.

28 Ebd., 60.

wäre es naiv gewesen zu meinen, man könne seine Ich-Identität und seine Wir-Identität, welche für ihn diejenige des Volkes war, retten, ohne sich zu klassifizieren, und das heißt, ohne sich durch einen Feind zu klassifizieren.[29] Wer wissen möchte, wer er ist, der müsse wissen, wer er nicht ist und gegen wen er ist. Deswegen ist der Gedanke des Feindes für ihn fundamental. Schmitt zufolge gibt es ohne die Unterscheidung von Freund und Feind kein politisches Handeln. Ein Volk, das zu dieser Unterscheidung nicht mehr fähig ist, sei zum Untergang verdammt.[30]

Das Politische steht bei Schmitt für radikale Anti-Pluralität. Der Pluralismus der Staatenwelt, den Schmitt mit dem Begriff des Pluriversums bezeichnet, muss vor dem Hintergrund seines Begriffs des Politischen interpretiert werden. Von der Unterscheidung von Freund und Feind leitet er alle essentiellen Beziehungen ab. Und so glaubt er, das Politische als das Totale erkannt zu haben. Für Schmitt liegt dieser Zusammenhang klar und deutlich vor Augen. Nur wer seine Identität in der Auseinandersetzung mit dem Feind bestimme, verfalle nicht in den Selbstbetrug, denn »der echte Feind läßt sich nicht betrügen«[31]. Nur Freunde betrögen einander. Wer also wissen wolle, wer er ist, frage am besten seinen Feind. Und so verweist Schmitt auf Theodor Däublers Ausspruch: »Der Feind ist unsre eigne Frage als Gestalt.«[32]

Für den Identitären Denker Schmitt ist Selbsterkenntnis nur möglich durch denjenigen, der in der Lage ist, das Ich infrage zu stellen: der Feind. Es sei allein der Feind, der den Betrug verweigere. Aber: Sich selbst infrage stellen vermöge eigentlich nur das Ich. Deswegen sei auch der Feind, der mich infrage stellen könne, nicht einfach der Andere, sondern immer auch mein Bruder, ein

---

29 Vgl. C. Schmitt, Glossarium. Aufzeichnungen der Jahre 1947-1951, Berlin 1991, 36. Die folgenden Ausführungen zur Feindschaft bei Carl Schmitt habe ich meinem Buch »Über Freunde und Feinde. Brüderlichkeit Gottes, Kevelaer 2008, 21-24« entnommen.

30 Vgl. C. Schmitt, Der Begriff des Politischen. Text von 1932 mit einem Vorwort und drei Corollarien, Berlin 1987, 54.

31 Ders., Glossarium, a.a.O., 213.

32 Zit. n.: Ebd.

Alter Ego.[33] Der Feind besitze die Fähigkeit, mich infrage zu stellen, weil er mir ähnlich sei. Aus diesem Grund sind Brüderlichkeit und Feindschaft für Schmitt keine Gegensätze, sondern zwei Seiten einer Medaille. Dieser Zusammenhang ist für ihn der Dreh- und Angelpunkt menschlichen Zusammenlebens schlechthin: »Adam und Eva hatten zwei Söhne, Kain und Abel. So beginnt die Geschichte der Menschheit. So sieht der Vater aller Dinge aus. Das ist die dialektische Spannung, die die Weltgeschichte in Bewegung hält, und die Weltgeschichte ist noch nicht zu Ende.«[34]

Feindschaft ist nicht mit Gegner*innenschaft zu verwechseln. Laut Schmitt geht Feindschaft mit der Möglichkeit der physischen Vernichtung des Feindes einher. Von hier aus wird auch der Nachsatz verständlich, der auf die Aussage folgt, dass der Feind »unsre eigne Frage als Gestalt« sei: »Und er wird uns, wir ihn zum selben Ende hetzen.«[35]

Carl Schmitt sieht in dieser Radikalität einen tieferen Sinn. Er schlussfolgert, dass gerade der von ihm entwickelte Feindbegriff nicht in den Gewaltexzess münde, sondern die Hegung des Konflikts garantiere. Der Feindbegriff sei nicht nur ein Erkenntnis-, sondern auch ein Anerkennungsbegriff[36], vermittele er doch die Einsicht, dass die Tötung des Feindes die Tötung des Bruders sei, und, weil der Bruder ein Alter Ego sei, immer auch zugleich einen Akt der Selbstverstümmelung darstelle. Durch diese Erkenntnis werde die Gewalt in Grenzen gehalten, der Konflikt gehegt.

Es lassen sich durchaus Beispiele finden, in denen der Bruder als Feind und der Feind als Bruder die negative Bürgschaft der eigenen Identität übernimmt. Dennoch ist ein derartiges Verfeindungsverhältnis nicht wirklich ein Anerkennungsgeschehen, da der Andere in einem Zirkel als der anzuerkennende Andere erscheint.

---

33 Vgl. H. Meier, Die Lehre Carl Schmitts. Vier Kapitel zur Unterscheidung Politischer Theologie und Politischer Philosophie, Stuttgart/Weimar 1994, 78.

34 C. Schmitt, Glossarium, 238.

35 Ebd., 213.

36 Vgl. J. Manemann, Politische Theologie. Es sei hier darauf hingewiesen, dass diese Zusammenhänge von Schmitt erst nach 1945 entwickelt wurden und als Exkulpationsstrategien gelesen werden können.

Der Feind ist der anzuerkennende Andere nur, weil und insofern er die *eigene* Frage als Gestalt ist. Eine solche Klassifizierung dient aber gerade nicht der Selbsterkenntnis, wie behauptet wird. Das diesem Denken zugrunde liegende erkenntnistheoretische Axiom lautet: »Gleiches erkennt einander«; das ihm korrespondierende kommunionale Prinzip: »Gleich und gleich gesellt sich gern.« Gerechtigkeit wird von hier aus folgendermaßen verstanden: »Gleiches muß mit Gleichem vergolten werden: Gutes mit Gutem und Böses mit Bösem.«[37] Die Begegnung mit Gleichen fordert nun aber keineswegs, wie Schmitt behauptet, zur kritischen Selbstdeutung heraus. Im Gegenteil! Sie ist Bestätigung. Das hermeneutische Prinzip lautet: Gleiches erkennt einander. Ein solches Denken verhält sich gänzlich indifferent gegenüber den Ansprüchen Andere*r.

Theoretiker der Feindschaft sehen im Krieg einen Naturzustand. Als Naturzustand sei Feindschaft ein Faktum, das niemand aus der Welt schaffen und das man auch nicht ungestraft vergessen könne, dem man standhalten müsse. Feindschaft hat in diesem Sinne keinen Grund; sie entsteht einfach. Sie ist. Identitäre sehen sich als ausgeprägte Realitätspolitiker. Sie wünschen sich die Welt nicht anders, als sie ist. Sie intendieren nicht Veränderung, Infragestellung, nicht den Neuanfang, sondern sind Garanten des Erhalts der gewaltinhärenten Beziehung zwischen Freund und Feind. Ihren besonders grausamen Ausdruck findet diese Feindschaft Schmitt zufolge im Bürgerkrieg, der sich zwischen Nachbarn und Brüdern abspielt. Der Bürgerkrieg als Bruderkrieg komme aus dem Inneren.[38] Er kann dieser Logik zufolge nur verhindert werden durch ein starkes Identitäres Wir, das sich in einem Feindverhältnis zu einem anderen äußeren Wir bildet.

Aus dieser Perspektive betrachtet, erscheint das gegenwärtige bunte Wir in der liberalen Demokratie als ein vermeintliches Wir. Seine »Realität« sei nur Behauptung. In dieser, das eigentliche Wir sedierenden Gegenwart versucht Götz Kubitschek, durch »Provokationen« das Identitäre Wir aus seinem Trancezustand wachzu-

---

37 Vgl. zu diesen Axiomen: J. Moltmann, Erfahrungen theologischen Denkens. Wege und Formen christlicher Theologie, Gütersloh 1999, 140.

38 C. Schmitt, Ex Captivitate Salus, Köln 1950, 56.

rütteln. Dazu müsse es sich zunächst aus den Fängen des Konsenses befreien:

> »Für jene ist Provokation der Versuch, eine Einladung an die Futtertröge zu erhalten. Für uns ist Provokation kein Ich-Projekt, keine Verkaufsstrategie, und die Hoffnung auf den Einbau in den satten Diskurs gäbe all unser Tun der Lächerlichkeit preis. Unser Ziel ist nicht die Beteiligung am Diskurs, sondern sein Ende als Konsensform, nicht ein Mitreden, sondern eine andere Sprache, nicht der Stehplatz im Salon, sondern die Beendigung der Party. Provokation ist das Hinweisschild an unerwarteter Stelle, ist ein Zündeln am Holzstoß, der Holzstoß bleiben oder Signalfeuer werden kann, ist die Heimsuchung derer, die nicht gestört werden wollen. Und diese Furcht vor Störung, Unruhe, kennzeichnet die heraufziehende Krise. Ungebeten wird das sein, was wir tun sollten. Ungebetene Gäste mit unerwünschten Fragen erscheinen am konsensschwangeren Ort und konfrontieren den unangestrengten Star inmitten seiner Heimspiel-Atmosphäre. Wann zuletzt wurde, um einmal konkret zu werden, Jürgen Habermas vor Publikum und völlig unerwartet mit dem konfrontiert, was er vor dreißig Jahren sehenden Auges zur experimentellen Umsetzung am lebenden Objekt ›Deutschland‹ empfahl? Wann zuletzt schlug ihm nicht nur erwartungsloses Wohlwollen entgegen, sondern plötzlich und ungebeten so etwas wie Verachtung oder echter Mangel an Versöhnung? Wann zuletzt fühlte dieser Mann sich wirklich gestört, verunsichert, angekratzt? Weiß jemand, wann das war? Weiß jemand, ob dies je so war? Jedenfalls wird es Zeit dafür.«[39]

Das Identitäre Wir braucht immer ein konkretes Feindbild, hier Jürgen Habermas. Es muss Ressentiment erzeugen, um überzeugen zu können. Seine radikal anti-diskursive Stoßrichtung[40] ist Ausdruck eines ressentimentgeladenen Affekts:

---

39 G. Kubitschek, Provokation!, in: Sezession 12/2006, in: https://sezession.de/6174/provokation (Stand: 10.04.2019)

40 A. Speit, Avantgarde rückwärts. Die geistigen Grundlagen der Identitären Bewegung, in: Ders. (Hg.), Netzwerk, 61-62.

> »Wir halten nicht viel von langwierigen Begründungen, von Herleitungen, von der systematischen Stimmigkeit unseres Handlungsantriebs. ›Diskussion ist der Name des Todes, wenn er beschließt, inkognito zu reisen‹, sagt Donoso Cortés. Schaut Euch doch um! Was gibt es da noch zu fragen und zu quatschen? Uns liegt nicht viel daran, dass Ihr unseren Vorsatz versteht. Wozu sich erklären? Wozu sich auf ein Gespräch einlassen, auf eine Beteiligung an einer Debatte?« Und er antwortet selbst: »Nein, diese Mittel sind aufgebraucht, und von der Ernsthaftigkeit unseres Tuns wird Euch kein Wort überzeugen, sondern bloß ein Schlag ins Gesicht.«[41]

Kubitschek will mit seinen Provokationen junge Menschen befeuern, sich für ein Identitäres Wir einzusetzen.[42] Dieses müsse durch eine »Konservative Revolution« ins Leben gerufen werden. Erst aus den Trümmern dieser Gesellschaft ersteht dieses Wir wie Phönix aus der Asche. Das Identitäre Wir ist zweigeteilt: in die Masse und eine selbsternannte Elite und Avantgarde, die zwar die Masse erreichen und mobilisieren will, sich aber davon abhebt[43]: »Die IB hat nicht das Ziel, eine Massenorganisation zu werden, sondern versteht sich eher als einflussstarke Elite.«[44] Dieser Teil des Identitären Wir ist ein eingeschworener Kern. So heißt es in IB-Materialien: »Die erste Regel für alle Identitären ist Loyalität. Niemandem wird vergeben, wenn er einen aus unseren Reihen verrät. Wir sind ein Klan und halten zusammen.«[45] Das Identitäre Wir trägt einen verkappten Dualismus in sich. Die Identitären Denker und Aktivisten brauchen die Masse. Um sie zu mobilisieren, werden Mythen benutzt. Sie sollen als motivationale Handlungsressource dienen. Ohne sie könne die Masse nicht zur Tat motiviert werden, ohne sie werde es keine Bewegung geben. Aus diesem Grund knüpft man an das »ethnokulturelle Gedächtnis« an: »Die große Erzählung seiner

---

41 G. Kubitschek, Provokation, Schnellroda ^{2}2018, 28.

42 Vgl. A. Speit, Reaktionärer Klan. Die Entwicklung der Identitären Bewegung in Deutschland, in: Ders. (Hg.), Netzwerk, 40-41.

43 Vgl. A. Speit, Avantgarde, 56.

44 Ders., Klan, 28.

45 Zit. n.: ebd., 29.

Tradition, die die Taten unserer Vorfahren mit den Helden unserer Zukunft verbinden kann.«[46] Mythos und Mystik in eins setzend, fordert der Identitäre Aktivist Martin Sellner, seinen Mitstreiter Martin Lichtmesz zitierend: »Mystique d'abord«.[47] Hier zeigt sich bereits: Politik steht bei den Identitären nicht an erster Stelle, sondern das, was unter Verweis auf den Marxisten Antonio Gramsci als »Metapolitik« bezeichnet wird. Gramsci zufolge ist die Erlangung der kulturellen Hegemonie die Voraussetzung für die Erlangung der politischen Hegemonie.[48] Gramscis Reflexionen über die Bedeutung und Rolle der Intellektuellen in der Politik sind zentral für das Identitäre Denken. Das Besondere an Gramsci ist, dass er als westlicher Marxist eine gewisse Eigenständigkeit des Überbau-Bereichs anerkannte. Aus diesem Grund waren für ihn Revolutionen auch nur unter bestimmten Rahmenbedingungen möglich. So habe bspw. die bolschewistische Revolution nur erfolgreich sein können, weil die zivile Gesellschaft (dazu zählte er Bibliotheken, Clubs, Kirchen, Gewerkschaften, Presseorgane und Schulen, also alles, was die öffentliche Meinung beeinflusst) unterentwickelt gewesen war. Anders stelle sich die Situation in Gesellschaften mit einer »società civile« dar. Solche Gesellschaften machten aufgrund der ihnen immanenten Einstellungen und Mentalitäten den Staatsapparat resistenter gegen Umwälzungen.[49] Identitäre Metapolitik zielt deshalb auf die Bildung des Identitären Wir durch die Strategie der Delegitimierung kultureller, politischer und rechtlicher Wertvorstellungen der Demokratie. Metapolitik steht für die »›Software‹ der Macht«[50]. Das Gravitationszentrum aller politischen Macht sei die kulturelle Hegemonie. Die Kultur gehe der Politik voran. Sie sei das Lebensgefühl der Politik. Und das Gefühl sei die eigentliche Kraft.[51]

---

46 M.A. Müller, Kontrakultur, 197.

47 Zit. n.: M. Sellner, Identitär!, 24.

48 Vgl. W. Gessenharter, Kippt die Republik? Die Neue Rechte und ihre Unterstützung durch Politik und Medien, München 1994, 15, 36, 48.

49 Die Ausführungen zu Gramsci habe ich aus »J. Manemann u.a., Pragmatismus, 71« entnommen.

50 M.A. Müller, Kontrakultur, 185.

51 Vgl. ebd., 9.

Identitäre versuchen, das Identitäre Wir vor allem durch die Energien des Hasses und des Zorns freizusetzen.

Das Identitäre Wir ist ein revolutionäres Wir: »Reden wir also nicht von Revolution, sondern werden wir zu ihr.«[52] Immer wieder wird die Gewaltfreiheit dieser Revolution hervorgehoben.[53] Damit ist aber nicht Pazifismus gemeint, sondern nur das Abstandnehmen von körperlicher Gewalt im Sinne eines Erstschlags. Die Gewalt der Hass-Rede und ihre psychischen und physischen Auswirkungen werden bewusst verschwiegen.

Aus Sicht des Identitären Wir ist klar, dass Deutsche und Europäer*innen weiß sind.[54] Die Identitäre Philosophin Caroline Sommerfeld spricht von einem Abstammungs-Wir: »Abstammung ist in einem ganz materiellen Verständnis eine Frage von Gen- und Blutlinien, in einem umfassenderen Verständnis jedoch begreift sie auch große und lange Vererbungsstränge mit ein, die Charakterliches und atmosphärisch Typisches fortpflanzen.«[55] Dieses Wir ist durch einen bestimmten Phänotyp charakterisiert. Fremde könnten dem Volkskörper nur in langen Prozessen einverleibt werden:

> »Wenn wir einen einzelnen Schwarzafrikaner hernehmen, der nach Deutschland kommt, eine Deutsche heiratet, mit ihr Kinder bekommt und sich sukzessive mit der deutschen Volksseele verbindet, dann nähern sich seine Kinder und Kindeskinder ihrerseits schrittweise dem Abstammungsdeutschtum an und werden so leibliche Teile des Volkes, somit jenes Volkskörpers, aus welchem wiederum abstammungsdeutsche Aszendenz möglich wird.«

Das Gegenteil des Abstammungsdeutschen sei der Passdeutsche: »Eingewanderte Paßdeutsche leiden mitunter an fürchterlichen Phantomschmerzen. Es ist ein seelisches Leiden, Volksseelenschmerz. Die Abstammungsdeutschen trösten sich mit dem Surro-

52 Ebd., 11.

53 Vgl. ebd., 96.

54 Vgl. ebd., 126.

55 Die folgenden Zitate finden sich in: C. Sommerfeld, Wer gehört zu uns?, in: Sezession 88/2019, 33-37, 34.

gat des Grundgesetzes über das Fehlen geistiger Identität hinweg.« Beide litten unter Sinnamputation, da sie das Wort »deutsch« nur noch kupiert gebrauchten: ohne seinen leiblichen und seelischen Bedeutungsteil. Für das Identitäre Wir sind diejenigen, die keinen Bezug zur Volksseele haben, »Fremdkörperdeutsche«. Das Identitäre Wir setzt auf das Abstammungs-Wir als Substrat, welches nicht aufgezehrt werden dürfe. »Nichtzugehörige«, »eingepflanzte leibliche Fremdkörper« dürften nur solange in Deutschland wohnen, solange Eigenwert und Existenz des Identitären Wir nicht gefährdet seien.

Der Übergang vom populistischen Wir zum Identitären Wir ist fließend. Teilweise sind beide bis zur Unkenntlichkeit miteinander verwoben. Bei beiden Kollektiven handelt es sich jeweils um ein Gefühls-Wir. Dieses Gefühls-Wir stellt für moderne Gesellschaften eine Dauerversuchung dar, weil diese durch eine besondere Berührungssensibilität charakterisiert sind. Der Schriftsteller Elias Canetti hat diese Zusammenhänge in seinem Werk »Masse und Macht« beschrieben – begonnen 1922, in der Weimarer Republik, veröffentlicht 1960. In der Moderne schaffen Menschen Abstände aus der Furcht vor Berührung. Man denke nur an den Fahrstuhl. Jede*r von uns kennt die Situation. Jede*r achtet tunlichst darauf, ander*e nicht zu berühren. Und kommt es zu einer Berührung, dann folgt die prompte Entschuldigung, die auch erwartet wird. Menschen in der Moderne fürchten Nähe.

Umso mehr geraten moderne Menschen aus dem Gleichgewicht, wenn sie von dieser Berührungsfurcht erlöst werden, etwa durch das Entstehen einer Masse. Erinnert sei an die Massenbewegungen, die erst in der Moderne aufgekommen sind. Canetti macht auf die Gefahr der Vermassung aufmerksam, die mit der genannten hypersensiblen Berührungssensibilität einhergeht: nämlich die Bildung unkontrollierbarer Massen. Die Masse entsteht wie aus dem Nichts:

> »[…] die Masse, die plötzlich da ist, wo vorher nichts war. Einige wenige Leute mögen beisammen gestanden haben, fünf oder zehn oder zwölf, nicht mehr. Nichts ist angekündigt, nichts erwartet worden. Plötzlich ist alles schwarz von Menschen. Von allen Seiten strömen andere zu, es ist, als hätten Straßen nur eine Richtung. Vie-

> le wissen nicht, was geschehen ist, sie haben auf Fragen nichts zu sagen; doch haben sie es eilig, dort zu sein, wo die meisten sind. Es ist eine Entschlossenheit in ihrer Bewegung, die sich vom Ausdruck gewöhnlicher Neugier sehr wohl unterscheidet. Die Bewegung der einen, meint man, teilt sich den anderen mit, aber das allein ist es nicht: sie haben ein Ziel. Es ist da, bevor sie Worte dafür gefunden haben: das Ziel ist das schwärzeste – der Ort, wo die meisten Menschen beisammen sind.«[56]

In der Masse fühlt sich der Mensch plötzlich aufgehoben. Sie ist ein transpersonales Empfinden, das alle Distanzen, die vormals die Menschen trennten und Berührungsängste schufen, aufhebt. Durch weitere Grenzziehung oder verschlossene Türen fühlt sich der Mensch in der Masse bedroht. Er reißt alles nieder, was Distanz hält, die Zerstörungssucht der Masse bricht sich Bahn.[57] Die Masse besitzt vier Eigenschaften[58]:

- Die Masse will immer wachsen.
- Innerhalb der Masse herrscht Gleichheit.
- Die Masse liebt Dichte.
- Die Masse braucht eine Richtung.

Berührungssensibilitäten, die in Berührungsfurcht gründen, entstehen aus Abgrenzungsgewohnheiten, die nicht selten zu Abgrenzungszwängen avancieren. Der Schriftsteller Hans Magnus Enzensberger hat unsere Abgrenzungsgewohnheiten in seinem Buch »Die große Wanderung« in folgender Szene beschrieben:

> »Zwei Passagiere in einem Eisenbahnabteil. Wir wissen nichts über ihre Vorgeschichte, ihre Herkunft oder ihr Ziel. Sie haben sich häuslich eingerichtet, Tischchen, Kleiderhaken, Gepäckablagen in Beschlag genommen. Auf den freien Sitzen liegen Zeitungen, Mäntel, Handtaschen herum. Die Tür öffnet sich, und zwei neue Reisende

56 E. Canetti, Masse und Macht, Frankfurt [29]2003, 14/15.

57 Vgl. ebd., 19.

58 Vgl. ebd., 30.

treten ein. Ihre Ankunft wird nicht begrüßt. Ein deutlicher Widerwille macht sich bemerkbar, zusammenzurücken, die freien Plätze zu räumen, den Stauraum über den Sitzen zu teilen. Dabei verhalten sich die ursprünglichen Fahrgäste, auch wenn sie einander gar nicht kennen, eigentümlich solidarisch. Sie treten, den neu Hinzukommenden gegenüber, als Gruppe auf. Es ist *ihr* Territorium, das zur Disposition steht. Jeden, der neu zusteigt, betrachten sie als Eindringling. Ihr Selbstverständnis ist das von Eingeborenen, die den ganzen Raum für sich in Anspruch nehmen. Diese Auffassung läßt sich rational nicht begründen. Um so tiefer scheint sie verwurzelt zu sein.

Dennoch kommt es so gut wie nie zu offenen Auseinandersetzungen. Das liegt daran, daß die Fahrgäste einem Regelsystem unterliegen, das nicht von ihnen abhängt. [...] Die neuen Fahrgäste werden geduldet. Man gewöhnt sich an sie. Doch bleiben sie, wenn auch in abnehmendem Grade stigmatisiert.
[...] Das Eisenbahnabteil ist ein transitorischer Aufenthalt, ein Ort, der nur dem Ortswechsel dient. [...] Der Passagier [...] hat ein reales Territorium gegen ein virtuelles eingetauscht. Trotzdem verteidigt er seine flüchtige Bleibe nicht ohne stille Erbitterung.«[59]

An späterer Stelle fährt Enzensberger fort:

»Nun öffnen zwei weitere Passagiere die Tür des Abteils. Von diesem Augenblick an verändert sich der Status der zuvor Eingetretenen. Eben noch waren sie Eindringlinge, Außenseiter; jetzt haben sie sich mit einem Mal in Eingeborene verwandelt. Sie gehören zum Clan der Seßhaften, der Abteilbesitzer, und nehmen alle Privilegien für sich in Anspruch, von denen jene glauben, daß sie ihnen zustünden. Paradox wirkt dabei die Verteidigung eines ›angestammten‹ Territoriums, das soeben erst besetzt wurde; bemerkenswert das Fehlen jeder Empathie mit den Neuankömmlingen, die mit denselben Widerständen zu kämpfen, dieselbe schwierige Initiation

---

59 H.M. Enzensberger, Die Große Wanderung. 33 Markierungen, Frankfurt [2]2016, 11-13.

> vor sich haben, der sich ihre Vorgänger unterziehen mußten; eigentümlich die rasche Vergeßlichkeit, mit der das eigene Herkommen verdeckt und verleugnet wird.«[60]

Diese Szenen zeigen, wer gegen das identitäre Wir politisch andenken und handeln will, muss über Gefühle und Emotionen nachdenken. Die Ansprechbarkeit für rechtspopulistische und identitäre Claims resultiert nicht zuletzt aus einer emotionalen Bedürftigkeit.[61] Das identitäre Wir ist auf die Herstellung von nationalistischen Gefühlen angewiesen. Deshalb betreiben Rechtpopulist*innen und Identitäre einen ausgesprochenen Identitätskult, der mit einer Verabsolutierung der Identitätsfrage einhergeht – ein Kennzeichen totalitärer und autoritärer Regime.

---

60 Ebd., 14-15.

61 Vgl. I. Charim, Ich und die Anderen: Wie der neue Pluralismus uns alle verändert (Paul Zsolnay Verlag E-Book), Pos. 1798-1799.

II. Das demokratische Wir

Im Jahr 2015 sei »die psycho-politische Identität des Volkes« durch die »Migranteninvasion« verletzt worden – so lautet die Diagnose des AfD-Philosophen Marc Jongen.[1] »Kulturfremde Menschen« seien gesetzeswidrig in das Land eingedrungen. Die Auswirkungen dieses Vorfalls auf die Volksidentität vergleicht er mit den Folgen von Wohnungseinbrüchen. Dort zeige sich, dass die psychischen Folgen gravierender seien als die erlittenen materiellen Verluste. Ein Wohnungseinbruch werde als Angriff auf den Körper empfunden, weil eine Wohnung wie eine Haut verstanden werden müsse, die durch den Einbruch verletzt worden sei. Gerade angesichts dieser Gefahr und der damit einhergehenden Herausforderungen müsse Politik sich als Psychopolitik begreifen. Der Schlüsselbegriff einer solchen Politik sei Thymos. Es sei der Leo Strauss-Schüler Francis Fukuyama gewesen, der diesen Begriff in seinem Buch »Das Ende der Geschichte« zuerst wiederentdeckt hätte. Thymos stehe für die Kraft individueller und kollektiver Selbstbehauptung. Diese Kraft drücke sich vor allem im Stolz und im Zorn aus. Die Ausführungen Jongens zeigen: Das identitäre Wir ist ein thymotisches Wir, und als solches ist es immer ein latent kriegerisches Wir. Für Jongen gibt es keine Kultur ohne Krieg. Im Rekurs auf den Kulturphilosophen Heiner Mühlmann stellt er fest, dass am Anfang jeder Kultur der Krieg stehe. Kulturen seien wilde Tiere. Das sei die Natur der Kulturen. Der Krieg ermögliche eine »maximal stress cooperation« (H.

1 Vgl. dazu: M. Jongen, Migration und Thymostraining, Vortrag vom 17.02.2017 am Institut für Staatspolitik, in: https://www.youtube.com/watch?v=cg_KuESI7rY (Stand: 28.04.2019).

Mühlmann). Dadurch werde erst der Zusammenhalt eines Volkes geschaffen. In der Gegenwart diagnostiziert Jongen eine Thymosvergessenheit, die das Resultat des Endes des Zweiten Weltkrieges sei. Nach jedem Krieg komme es zur Entspannung. Bei den Verlierern führe die Niederlage zu einem Abfall des Testosteron-Spiegels, bei den Siegern steige dieser an. Infolge der Subdominanz der Deutschen nach 1945 sei gemäß des sogenannten »Decorum-Prinzips« (Was sich geziemt) eine Umwertung der Werte erfolgt. An die Stelle einer vormals imperialen Kultur sei die Political Correctness getreten. Angesichts der gegenwärtigen Bedrohung durch den Feind Islam hätten wir die Wahl zwischen der Selbstabschaffung und der Verjüngung eigener Selbstbehauptungskräfte durch die Besinnung auf die genetischen Grundlagen der Kultur. Dazu müssten wir in die Zone hinabsteigen, in der Kultur formiert werde, die Zone der »maximal stress cooperation«. Wenn wir jedoch den Krieg und den Bürgerkrieg vermeiden wollen, sollten wir die Feindschaft hegen, unsere Thymosspannung anheben und in eine zivile Wehrhaftigkeit überführen.

Jongen knüpft in seinen Überlegungen zur Psychopolitik bei Fukuyama an. Dieser plädiert allerdings auf der Basis des Thymos für ein demokratisches Bekenner*innen-Wir, das er der Zerstörung des politischen Empfindungsvermögens entgegensetzt, um die Würde des einzelnen zu retten.

1. Das Bekenner*innen-Wir

Francis Fukuyama ist Politikwissenschaftler, Politikberater und einer der einflussreichsten Intellektuellen in den USA. Er fordert, dass Politik sich heute stärker als bisher und in neuer Weise als Identitätspolitik begreifen müsse. Im Blick auf unsere Problemkonstellationen lässt sich sein Gedankengang folgendermaßen zusammenfassen: Bislang hat sich eine liberal-demokratische Politik damit begnügt, eine Friedens-, Freiheits- und Ausgleichsordnung bereitzustellen. Innerhalb dieses formalen Rahmens politischer Gleichheit sollten sich Identitäten frei entfalten können. Wenn von Identität gesprochen wurde, so war dieses Identitätsverständnis bis in die 1960er Jahre hinein überwiegend mit individueller Selbstverwirklichung verbunden gewesen. Es war linke Politik, die mit dem Aufkommen sozialer Bewegungen erkannt hat, dass die Frage nach Identität *die* zentrale politische Frage ist. Immer mehr Menschen fingen nämlich an, ihre eigene Würde mit der Würde einer sozialen Gruppe zu verbinden, sodass individuelle Selbstachtung und die Achtung der sozialen Gruppe unauflösbar miteinander verwoben wurden.[2] Diese Einsicht wurde schließlich zum Auslöser dessen, was man heute als Identitätspolitik bezeichnet. Laut Fukuyama ist es diesen Identitätspolitiken aber nicht gelungen, die Konflikte zwischen den Gruppen und innerhalb der Gruppen zu pazifizieren. Und nicht nur das: Auch der Aspekt der Gleichheit wurde durch hegemoniale Ansprüche kollektiver Teilidentitäten zugedeckt. Soweit Fukuyamas Diagnose.

Da das Problem der Identität(en) also keineswegs durch linke Identitätspolitiken gelöst worden sei, fordert Fukuyama ein neues Nachdenken über Identität. Dazu setzt er sozialphilosophisch an. Wer sich mit Fragen der Identität befasse, müsse mit der Kraft beginnen, die Menschen am stärksten zu Handlungen motiviere: Thymos. Mit diesem Begriff werde der Teil der Seele bezeichnet,

> »der Anerkennung durch andere begehrt, entweder in Form von Isothymia, dem Streben, die gleiche Würde wie die Mitmenschen zu empfangen, oder in Form von Megalothymia, dem Bedürfnis, im Vergleich mit anderen als überlegen zu gelten. Ein großer Teil dessen, was wir normalerweise für eine wirtschaftliche, von materiellen Bedürfnissen oder Wünschen ausgelöste Motivation halten, ist in Wirklichkeit ein thymotisches Verlangen nach Anerkennung der eigenen Würde oder des eigenen Status.«[3]

In liberalen Demokratien sei die Kraft der Megalothymia durch die Fokussierung auf Isothymia verdrängt worden[4]:

---

2 Vgl. F. Fukuyama, Identität. Wie der Verlust der Würde unsere Demokratie gefährdet, Hoffmann und Campe E-Book, Pos. 1711-1713.

3 Ebd., Pos. 1311-1315.

4 Vgl. ebd., Pos. 433-435.

»Megalothymia gedeiht durch Besonderheit: durch hohe Risiken, imposante Kämpfe und große Effekte, denn all das bewirkt, dass jemand im Vergleich mit anderen als überlegen anerkannt wird. In manchen Fällen kann sie heroische Führer wie Lincoln, Churchill oder Nelson Mandela hervorbringen, doch in anderen mag sie Tyrannen wie Cäsar, Hitler oder Mao schaffen, die ihre Gesellschaft in Diktatur und Katastrophen stürzen.«[5]

Bereits in den Umbruchsprozessen der Jahre 1989/90 hatte sich Fukuyama auf die machtvolle Seelenkraft des Thymos konzentriert. Auf diese Ausführungen bezieht sich Jongen. Schon damals wies Fukuyama darauf hin, dass Menschen »nicht nur nach materiellem Wohlergehen [streben, J.M.], sondern auch nach Respekt oder Anerkennung, und sie glauben, Respekt zu verdienen, weil sie einen bestimmten Wert oder eine bestimmte Würde besitzen«[6]. Von Hegel ausgehend, stellte er dar, dass der Mensch ein zutiefst soziales Wesen ist: »Sein Selbstwertgefühl und seine Identität sind untrennbar mit dem Wert verknüpft, den ihm andere Menschen beimessen.«[7] Diesen Aspekt arbeitete er scharfsinnig anhand der Herr-Knecht-Dialektik bei Hegel heraus: »Für Hegel kann das ›Begehren nach einem Begehren‹ oder die Suche nach Anerkennung nicht anders denn als jene menschliche Leidenschaft verstanden werden, die wir gemeinhin ›Stolz‹ oder ›Selbstachtung‹ nennen (wenn wir sie billigen) oder ›Eitelkeit‹, ›Ruhmsucht‹, ›Eigenliebe‹ (wenn wir sie nicht billigen).«[8] Das Verlangen nach Anerkennung gründet Fukuyama zufolge im Thymos und ist als »ein ausgesprochen paradoxes Phänomen« zu verstehen, kann es doch »nicht nur der psychologische Ort des Gerechtigkeitssinns und der Selbstlosigkeit, sondern auch eine Form menschlicher Eigensucht« sein.[9]

Heute diagnostiziert Fukuyama einen Verlust der Würde, der für die Demokratie gefährlich sei. Dieser Würdeverlust steht für

---

5 Ebd., Pos. 90-93.

6 Ders., Das Ende der Geschichte. Wo stehen wir?, München 1992, 214.

7 Ebd., 207.

8 Ebd., 219.

9 Vgl. ebd., 242.

ihn im Zusammenhang einer grassierenden Identitätskrise. Der Begriff der Identität war seines Erachtens zwar schon im Thymos grundgelegt, aber virulent sei die Frage nach Identität erst »mit der Vorstellung eines inneren und eines äußeren Selbst« geworden, »verbunden mit der radikalen Meinung, dass das innere Selbst wertvoller als das äußere sei«[10]. Und so habe sich in der Neuzeit die Überzeugung entwickelt, »dass jeder von uns ein inneres, Respekt verdienendes Selbst besitzt«[11]. Identitätspolitik in modernen Gesellschaften sei eine Reaktion auf das Empfinden des wahren inneren Selbst, durch die Außenwelt mit ihren Regeln nicht adäquat anerkannt zu werden[12]: Wenn Menschen

> »ein positives Urteil zuteil wird, verspüren sie Stolz, und falls nicht, empfinden sie entweder Zorn (wenn sie meinen, unterbewertet zu werden) oder Scham (wenn sie begreifen, dass sie die Erwartungen der anderen nicht erfüllt haben). [...] Thymos [...] ist der Kern der heutigen Identitätspolitik. Politische Akteure mühen sich mit Wirtschaftsfragen ab: Sollen die Steuern höher oder niedriger sein? Wie soll der Kuchen der Staatseinkünfte unter den verschiedenen Anwärtern in einer Demokratie aufgeteilt werden? Doch ein Großteil des politischen Lebens hat nur oberflächlich mit ökonomischen Ressourcen zu tun.«[13]

Wer heute über Identitätspolitik nachdenkt, muss Fukuyama zufolge drei Phänomene gleichzeitig betrachten: zum einen den Thymos als Anerkennungsverlangen, zum anderen die Trennung zwischen dem inneren und dem äußeren Selbst mit »der Priorisierung des inneren Selbst gegenüber der äußeren Gesellschaft« und schließlich die Anerkennung der Würde aller Menschen.[14] Laut Fukuyama konnte erst durch die Anerkennung der Würde aller »die private

10 Ders., Identität, Pos. 458-463.

11 Ebd., Pos. 459.

12 Vgl. ebd., Pos. 242-244.

13 Ebd., Pos. 373-380.

14 Vgl. ebd., Pos. 654-659.

Suche nach dem Selbst zum politischen Projekt« avancieren.[15] Und so ist es für ihn auch gar nicht verwunderlich, dass es im 20. Jahrhundert zur Ausbildung eines expressiven Individualismus gekommen sei. Gefühle und Emotionen, die es dem Selbst ermöglichen, sich Ausdruck zu verschaffen, seien somit expliziter Bestandteil der Identität geworden.[16] In seiner Diagnose versucht Fukuyama nachzuweisen, dass just dieser Individualismus zum Einfallstor des Nationalismus avanciert sei:

> »Menschen sind überaus soziale Geschöpfe, deren emotionale Neigungen sie dazu bewegen, sich den Normen der Umgebung anzupassen. Wenn ein stabiler gemeinsamer moralischer Horizont verschwindet und durch eine Kakophonie miteinander wetteifernder Wertsysteme ersetzt wird, frohlockt die große Mehrheit der Menschen nicht gerade über ihre neu entdeckte Entscheidungsfreiheit. Im Gegenteil, sie fühlen sich äußerst unsicher und entfremdet, da sie ihr wahres Selbst nicht mehr kennen. Die so entstandene Identitätskrise führt in die dem expressiven Individualismus entgegengesetzte Richtung, zur Suche nach einer gemeinsamen Identität, welche die Individuen erneut in eine soziale Gruppe einbindet und einen klaren moralischen Horizont wiederherstellt. Diese psychologische Tatsache bildet die Grundlage für den Nationalismus.«[17]

Aber auch eine linke Identitätspolitik, welche kollektive Identitäten in den Fokus gerückt habe, sei mitverantwortlich für das neue Aufkeimen des Nationalismus. Die individuelle Selbstachtung sei in diesen Politiken so sehr mit dem Ansehen einer Gruppe verbunden worden, dass sich das Politische auf das Persönliche ausgewirkt habe.[18] Laut Fukuyama hat dieser dynamische Wechsel von der Identität zu den Identitäten den modernen Liberalismus insgesamt erfasst: »Das Prinzip der universalen Anerkennung ist zu einer spe-

---

15 Vgl. ebd., Pos. 654-659.

16 Vgl. ebd., Pos. 891-893.

17 Ebd., Pos. 931-938.

18 Vgl. ebd., Pos. 1713.

ziellen Anerkennung einzelner Gruppen mutiert.«[19] In der Folge sei die Idee ökonomischer Gleichheit in linker Politik vernachlässigt worden und die Frage nach einer einheitlichen nationalen Identität unter den Tisch gefallen. Fukuyama wundert sich keineswegs über den Erfolg der Nationalisten, denn ihnen sei es gelungen, »den Verlust eines relativen wirtschaftlichen Ranges in den Verlust von Identität und Status um[zudeuten, J.M.]: Du bist immer ein wichtiges Mitglied unserer großen Nation gewesen, doch Ausländer, Einwanderer und deine eigenen elitären Landsleute haben sich verschworen, um dich niederzudrücken. Dein Land gehört dir nicht mehr, und du wirst in ihm nicht mehr respektiert.«[20]

Fukuyama versucht nun die zwei Wege, die sich seines Erachtens seit dem 19. Jahrhundert herausgebildet haben – der Weg zu universaler Anerkennung der Individualrechte und der Weg der Stärkung kollektiver Identität –, in neuer Weise zusammenzuführen. Und so plädiert er für eine moderne liberale Identitätspolitik, die politisch-integralistischen Bestrebungen widersteht, ohne den Preis der Aufgabe einer übergreifenden Idee nationaler Identität zu zahlen: »Vielmehr gilt es, größere und einheitlichere nationale Identitäten zu definieren, welche die Mannigfaltigkeit liberaler demokratischer Gesellschaften berücksichtigen.«[21] Wenn nun Identität im Thymos wurzelt, wie Fukuyama behauptet, dann können Demokratien ohne ihn nicht überleben. Deshalb müssten die Bürger*innen »in gewissem Maße irrational, durch Stolz und Patriotismus, mit den Ideen der konstitutionellen Regierung und der menschlichen Gleichheit« verbunden sein.[22] Seine Ausführungen münden in ein Plädoyer für eine Bekenntnisnationalität:

> »Die nationale Identität beginnt mit der gemeinsamen Überzeugung, dass das politische System des Landes, sei es demokratisch oder nicht, legitim ist. Sie kann die Gestalt von formellen Gesetzen oder Institutionen annehmen, die beispielsweise vorschrei-

---

19 Ebd., Pos. 1465-1467.

20 Ebd., Pos. 1445-1450.

21 Ebd., Pos. 1964-1966.

22 Vgl. ebd., Pos. 2085-2089.

ben, was das Erziehungswesen Kinder über die Vergangenheit des Staates lehrt oder welche offizielle Landessprache festgelegt wird. Daneben erstreckt sich die nationale Identität auf den Bereich der Kultur und der Werte. Sie besteht aus Geschichten, die sich Menschen übereinander erzählen: woher sie kommen, was sie feiern, welche historischen Erinnerungen sie teilen, was erforderlich ist, um ein anerkanntes Mitglied der Gemeinschaft zu werden. In der zeitgenössischen Welt ist Vielfalt – auf der Grundlage von Rasse, Ethnizität, Religion, Gender, sexueller Orientierung und dergleichen – sowohl eine Tatsache als auch ein Wert. Aus mancherlei Gründen ist sie vorteilhaft für Gesellschaften. Der Kontakt mit unterschiedlichen Denk- und Handlungsweisen kann stimulierend auf Neuerungen, Kreativität und Unternehmertum wirken. Vielfalt weckt Interesse und sorgt für freudige Erregung.«[23]

Folglich bestehe, identitätspolitisch betrachtet, die Aufgabe darin, »nationale Bekenntnisidentitäten auf den Gründungsideen der modernen liberalen Demokratie zu errichten und Neuankömmlinge mit politischer Hilfe zielstrebig zu assimilieren. Die liberale Demokratie hat ihre eigene Kultur, und diese muss höher eingestuft werden als Kulturen, die demokratische Werte ablehnen.« In diesem Zusammenhang grenzt er seine Idee einer Identitätspolitik noch einmal sowohl von linker als auch rechtspopulistischer Politik ab:

> »In den letzten Jahrzehnten hat die europäische Linke eine Form des Multikulturalismus unterstützt, die kaum Wert darauf legt, Neuankömmlinge in nationale Kulturen zu integrieren. Unter dem Banner des Antirassismus hat sie die Anzeichen dafür heruntergespielt, dass die Integration nicht funktioniert. Die neue populistische Rechte dagegen schaut nostalgisch auf eine verblassende Nationalkultur zurück, die auf Ethnizität oder Religion basierte – eine Kultur, in der Einwanderung und Vielfalt kaum existierten.«[24]

23 Ebd., Pos. 2002-2011.

24 Ebd., Pos. 2671-2678.

Es überrascht nicht, dass Fukuyama eine Ähnlichkeit sieht zwischen seiner Idee einer Bekenntnisnationalität und Basam Tibis Idee einer Leitkultur »als Glauben an Gleichheit und demokratische Werte, womit er [Tibi, J.M.] sich auf die liberalen Ideen der Aufklärung stützte«[25].

Das Wir, welches das Produkt dieser von Fukuyama entwickelten liberalen pluralismuskompatiblen Identitätspolitik ist, ist ein Identitäts-Wir als Bekenner*innen-Wir. Es ist assimilierend, da es Differenz von oben, von der politischen Einheit her denkt. Dieses Wir ist – emotional betrachtet – thymotisch grundiert und soll die Voraussetzung dafür sein, eine Balance zwischen Isothymia und Megalothymia zu schaffen. Der Zusammenhalt des Bekenner*innen-Wir ist jedoch höchst fragil: Es läuft Gefahr, trotz der intendierten Anerkennung unterschiedlicher Identitäten einen permanenten Assimilationsdruck aufzubauen, der letztlich wider Willen ins Gegenteil umzuschlagen droht: in Anerkennungskämpfe, in denen die eigene Identität gegen die Ander*er in Stellung gebracht wird.

2. Das patriotische Wir

Angesichts zunehmender gesellschaftlicher Spaltungen votiert die linksliberale Philosophin Martha Nussbaum für eine neue Vaterlandsliebe, denn ohne eine Liebe zur Nation sei ein Zusammenhalt nicht möglich.[26] Diesen Patriotismus entwickelt sie vor dem Hintergrund eines Liberalismus, für den die »Achtung vor allen Menschen, Rede-, Vereinigungs- und Gewissensfreiheit sowie grundlegende soziale und wirtschaftliche Rechte an erster Stelle stehen«, der aber nicht moralisch neutral und emotional anders grundiert ist als das Bekenner*innen-Wir.[27] Ihre Vorstellung vom Patriotismus gründet in Liebe und im Mitgefühl. In diesen Emotionen sieht sie die Ant-

25 Ebd., Pos. 2715-2719.

26 Vgl. M.C. Nussbaum, Politische Emotionen. Warum Liebe für Gerechtigkeit wichtig ist, Suhrkamp-E-Book, 315.

27 Vgl. ebd., 33.

wort auf den grassierenden Vertrauensschwund. Die Idee eines patriotischen Wir stellt sich aus Sicht von Nussbaum folgendermaßen dar: Patriotismus basiert auf einem Narrativ, das aus einer gemeinsamen Geschichte besteht. Diese Geschichte bringt die Menschen zusammen, weil sie ihnen Identifikationspunkte bietet, Ideale, um die herum sich die Menschen versammeln.[28] Die grundlegenden Prinzipien, die das Zusammenleben garantieren, werden von Nussbaum als Teil einer spezifischen Geschichte und Geographie betrachtet[29]:

> »Patriotische Liebe ist in all ihren Ausprägungen auf das Partikulare gerichtet. Sie gleicht der Liebe in der Familie oder der Liebe zwischen Mann und Frau und entsprechend diesem Ursprung oder dieser Parallele ist sie auf spezifische Merkmale fokussiert: auf diese oder jene wunderschöne Landschaft, auf dieses oder jenes historische Ereignis. Je mehr sie mit diesen Besonderheiten angereichert ist, desto inspirierender ist sie.«[30]

An dieser Stelle wird bereits deutlich, dass sich das patriotische Wir von dem Bekenner*innen-Wir und dem identitären Wir abhebt: Dieses Wir beginnt nicht mit einem Feind, es beginnt aber auch nicht mit einem Anerkennungsstreben, das im Thymos wurzelt. Wer wie Fukuyama mit der Hegelschen Anerkennungsdialektik von Herr und Knecht beginnt, der, so der Philosoph Tzvetan Todorov, versteht Leben als Boxkampf. Am Anfang des menschlichen Lebens steht aber nicht ein Anerkennungskampf, erst recht nicht ein Anerkennungskampf auf Leben und Tod wie bei Hegel, sondern die Beziehung zwischen Mutter und Kind. »Der Mensch wird nicht aufgrund eines Kampfes, sondern vielmehr aus Liebe geboren. Und das Ergebnis dieser Geburt ist nicht das Paar Herr-Knecht, son-

---

28 Vgl. dies., Warum wir nach Ansicht einer linken Denkerin wieder an unser Vaterland glauben sollten, in: F. van Rootselaar, Leben in schwierigen Zeiten: 15 Philosophen über Klimawandel, Fake News und andere Dinge, die uns den Schlaf rauben, wbg E-Book, Pos. 343.

29 Vgl. dies., Emotionen, 315.

30 Ebd., 317.

dern prosaischer die Verbindung von Eltern und Kind.«[31] Und er fährt fort: »Die Existenz des Individuums als spezifisch menschliches Wesen beginnt nicht auf einem Schlachtfeld, sondern im Erheischen des mütterlichen Blicks durch den Säugling – eine sehr viel weniger heroische Situation [...].«[32] Das hat Nussbaum erkannt. Sie denkt nicht vom Stolz her, auch nicht vom Zorn, erst recht nicht vom Hass. Die Gefühle, für die ihre Vision des Patriotismus steht, sind nicht abstrakt. Sie entzünden sich an konkreten Begebenheiten, konkreten Personen, angefangen mit den Eltern, aber auch an Einzelpersönlichkeiten und deren Idealen: »Wenn altruistische nationale Gefühle motivierende Kraft haben sollen, müssen sie sich am Konkreten festmachen: an bekannten Einzelpersönlichkeiten (Gründern, Helden), physischen Besonderheiten (Landschaften, lebendigen Bildern und Metaphern) und vor allem an Erzählungen von Kämpfen, die Leiden und Hoffnung beinhalten.«[33] Nussbaum bezieht sich u.a. auf Abraham Lincoln und Martin Luther King:

> »Lincoln und King bringen eine große Liebe zu Amerika und Stolz auf seine höchsten Ideale zum Ausdruck und wecken diese Gefühle auch bei anderen. Sie entwerfen eine Erzählung über Amerika, die dem Land hohe Ziele setzt und seine besten Werte in den Vordergrund rückt; zugleich äußern sie offene Kritik, indem sie darauf hinweisen, daß Amerika seinen Idealen nicht gerecht geworden ist. Beide bringen bei aller Kritik die Hoffnung auf ein erneutes Bekenntnis zu den Werten und Idealen Amerikas zum Ausdruck.«[34]

Das patriotische Wir erinnert die eigenen Werte und Ideale immer wieder neu. Es ist kein nationalistisches Wir. Im Gegenteil. Es ist durch eine Horizontüberschreitung charakterisiert, die auch Menschen außerhalb der Nation umfasst.[35] Dieser Patriotismus ist

---

31 T. Todorov, Abenteuer des Zusammenlebens. Versuch einer allgemeinen Anthropologie, Berlin 1996, 38.

32 Ebd., 39.

33 M. Nussbaum, Emotionen, 319.

34 Ebd., 362-363.

35 Vgl. ebd., 319.

dezidiert gegen jede Form eines Ethnozentrismus gerichtet.[36] Das nationale Sicherheitsinteresse ist auch nicht die höchste Entscheidungsinstanz. Das ist das individuelle Gewissen.[37] Die Hervorhebung des Gewissens als höchste Autorität offenbart bereits, dass dieser Patriotismus Individuen in ihrer Differenz nicht nivelliert und kritisches Denken fördert.[38]

Die Idee des Verfassungspatriotismus, wie sie von einigen Philosoph*innen entwickelt wurde, hält Nussbaum für emotionsleer und deshalb nicht lebbar. Diese Idee sei mit einer Haltung der Unparteilichkeit verbunden, die letztlich auf die Zersetzung der Sinnlichkeit hinauslaufe[39]: »Menschen entwickeln keine Liebe zu abstrakten Ideen, wenn es nicht noch viele andere Elemente gibt, wie etwa Metaphern, Symbole, Rhythmen, Melodien, konkrete geographische Merkmale usw.«[40] Der Patriotismus, wie er Nussbaum vorschwebt, enthält eine Pädagogik, die mit Liebe beginnt, die Kindern frühzeitig kritisches Denken beibringt, die »die positionale Vorstellungskraft so ein[setzt], daß Differenzen anerkannt werden«, die Gründe für Krieg benennt, gleichzeitig die historische Wahrheit liebt und hilft, »das Land so anzunehmen, wie es wirklich ist«[41]. Kunst und Kultur spielen bei der Entwicklung eines solchen Patriotismus eine immens wichtige Rolle. Nussbaum verweist in diesem Zusammenhang auf die Bedeutung der Tragödien und Komödien in der Antike.[42] Es geht ihr darum, Emotionen wie Mitgefühl, Liebe und Abscheu zu wecken. Aber sie ist sich dessen bewusst, dass das allein nicht ausreicht. Es gebe schließlich auch Feinde des Mitgefühls: Angst, Neid und Scham. Und diese könnten selbst in gefestigten Demokratien großen Schaden anrichten. Dennoch seien sie wichtig: »Da alle auch eine positive Rolle spielen können […], ist ein differenziertes Verständnis jeder dieser Emotionen

36 Vgl. ebd., 325.

37 Vgl. ebd., 331.

38 Vgl. ebd., 333.

39 Vgl. ebd., 342.

40 Ebd., 337.

41 Ebd., 378-384.

42 Vgl. ebd., 410-411.

und ihrer unterschiedlichen Ausprägungen von großer Bedeutung: Wir möchten nicht, daß im Zuge der Verhinderung von Schäden Vorteile für das Gemeinwesen verlorengehen.«[43]

Ihrem Fähigkeitenansatz entsprechend, bleibt sie nicht bei der emotionalen Grundierung des patriotischen Wir stehen, das wäre zu wenig. Nussbaum zufolge kann das patriotische Wir nur real werden, wenn es »grundlegende menschliche Rechte im Sinne von ›Fähigkeiten‹ oder realen Möglichkeiten« gibt, »über die alle Bürger bis zu einem akzeptablen Schwellenwert verfügen können«. Sie nennt eine Liste von zehn zentralen »Fähigkeiten [...], die in jeder Gesellschaft konkreter definiert werden können«: Leben; körperliche Gesundheit; körperliche Integrität; Sinne, Fantasie und Denken; Emotionen; praktische Vernunft; Zugehörigkeit; andere Arten: mit Sorge für und in Beziehung zu Tieren, Pflanzen und der Welt der Natur leben können; Spielen; Kontrolle.[44] Das patriotische Wir steht für die Stärkung der Demokratie als Lebensform. Dazu müssen Zustände geschaffen werden, in denen diese Fähigkeiten erworben werden können. Es ist darüber hinaus ein Wir, das eine Offenheit für Leiden anderer Menschen an anderen Orten auf der Welt besitzt. Aber, so fährt Nussbaum fort, »der menschliche Geist ist nicht in der Lage, sich mit der ganzen Welt zu verbinden. Das ist zu abstrakt. Daher trägt die Idee der Nation – jedenfalls wenn sie richtig konstruiert ist – dazu bei, den Geist nach außen zu wenden.«[45]

Ebenso wie das Bekenner*innen-Wir bedarf auch das patriotische Wir eines Identitätskultes. Es ist ein Wir, das durch Emotionen und Gefühle ausgelöst wird, die durch ein gemeinsames Erlebnis hervorgerufen werden sollen. Solche Erlebnisse müssen in politischen, sportlichen, kulturellen und Bildungsräumen hergestellt werden. Um jedoch durch Erlebnisse ein Identitätsgefühl aufkommen zu lassen und auf Dauer zu stellen, ist dieses Wir auf die permanente Wiederholung solcher Erlebnisveranstaltungen

43 Ebd., 472.

44 Vgl. dies., Königreich der Angst: Gedanken zur aktuellen politischen Krise, wbg E-Book, 273-277.

45 Dies., Vaterland, 369.

angewiesen. Anders als bei der Herstellung des identitären Wir läuft die Herstellung des patriotischen Identitätsgefühls jedoch nicht Gefahr, verabsolutiert zu werden, da dieses Gefühl niemals das Gewissen neutralisieren darf. Vom kultischen Wir des Bekenner*innen-Wir und vom identitären Wir unterscheidet sich das patriotische Identitätsgefühl des Weiteren durch ein Moment des Unverfügbaren. Dieses Moment wird vom identitären Wir geleugnet, das Ausdruck der Stereopathie ist, mithin dem Zwang zur Stereotypisierung unterliegt, welcher suggeriert, man könne die Welt durch unverrückbare Unterscheidungen im Griff haben.[46] Die Emotionen und Gefühle, für die das patriotische Wir steht, können letztlich nicht erzwungen werden. Zudem bedürfen die wachgerufenen nationalen Gefühle immer auch der demokratischen Rechtfertigung.[47] Sie können nämlich »blind machen für Rechtsverstöße (›Right or wrong – my country!‹) und zur systematischen Ungerechtigkeit anleiten«[48]. Dabei ist der von Nussbaum vorgeschlagene Patriotismus weit entfernt von einer romantisch-gefährlichen Emphase. Nichtsdestotrotz ist das patriotische Wir auf ein demokratisches Gemeinschaftserlebnis angewiesen. Dieses Erlebnis kann allerdings den angezielten Zweck der Vergemeinschaftung nur dann erfüllen, wenn es zu einer nachhaltigen Erfahrung wird und nicht im Erlebnishaften steckenbleibt. Kann aber aus einem Erlebnis eine Erfahrung hervorgehen? Ob es gelingt, das Erlebnis zu einer Erfahrung werden zu lassen, darf bezweifelt werden. Denn wir erleben gegenwärtig immer mehr und erfahren immer weniger. Das Erlebnis ist oft nicht von einem Event zu unterscheiden. Dieses vermag zwar durchaus situativ Gemeinschaftsgefühle zu wecken, deren Halbwertszeiten sind jedoch äußerst gering. Das patriotische Wir steht deshalb in der Gefahr, ungewollt die Lebensform Demokratie zu eventisieren.

---

46 Vgl. L. Pongratz, Zur Aporetik des Erfahrungsbegriffs bei Th. W. Adorno, in: Philosophisches Jahrbuch 93/1986, 137-142.

47 Vgl. F. Heidenreich, Gefühle ins Recht setzen: Wann sind politische Emotionen (noch) demokratisch?, in: Zeitschrift für Politikwissenschaft 4/2013, 575-583, 576.

48 Ebd., 578.

III. Demokratiepassion(en)

Die Antwort auf die politischen Erhitzungen des identitären Wir ist keine unterkühlte Politik, die Emotionen und Gefühle ausklammert, weil sie diese als illegitime gefährliche Störfaktoren politischer Willensbildungsprozesse betrachtet. Gerade angesichts der gegenwärtigen gesellschaftspolitischen Situation sollten Ideen und Sachgebiete nicht für wichtiger gehalten werden als Emotionen und Gefühle. Eine emotionslose Politik wäre letztlich anti-politisch und anti-demokratisch, da sie uns nicht für die tiefen Anliegen Ander*er öffnen würde. Demokratie ist »der institutionalisierte öffentliche Umgang mit Ungewißheit« (H. Dubiel). Sie ist eine Regierungs- und Lebensform, welche die Komplexität des Lebens nicht nivelliert. Demokratie ist angewiesen auf Demokratiepassion: die Leidenschaft der Demokrat*innen für die Demokratie als Lebens- und Regierungsform. Diese Passion beinhaltet jedoch überdies die Erfahrung, dass Dissense in demokratischen Prozessen nicht nur als positive Herausforderungen empfunden, sondern auch als ein Ungenügen erlebt werden. Demokratie gründet zudem in Passionen. Deshalb hängt das Leben in der Demokratie und das Überleben der Demokratie von Emotionen ab. Durch Emotionen werden wir mit unserer Bedürftigkeit und Unvollständigkeit konfrontiert. Emotionen richten unseren Blick nach außen. So treten Anderes und Ander*e, die außerhalb unserer Kontrolle liegen, nicht nur in den Fokus unserer Wahrnehmungen, ihnen wird sogar eine besondere Wichtigkeit für die Entfaltung unseres Selbst zugeschrieben.[1]

1 Vgl. C. Demmerling/H. Landweer, Philosophie der Gefühle. Von Achtung bis Zorn, J.B. Metzler E-Book, Pos. 457.

Das identitäre Wir ist ein Stimmungs-Wir, das zwar hochgradig durch Gefühle aufgeladen ist, aber es vermag Emotionen, die auf Ander*e und Anderes weisen, nicht standzuhalten. Erfährt es doch die damit einhergehenden Begrenzungen und Abhängigkeiten als eine Art narzisstischer Kränkung. Emotionen unterstützen uns darin, herauszufinden, was für uns im Leben von Bedeutung ist. Gerade »unsere emotionale Reaktion auf das, was wir nicht ändern können, [macht, J.M.] deutlich, was uns wirklich wichtig ist«[2].

Eine emotionslose Politik würde die Menschen nicht erreichen. Wir werden nämlich nicht in erster Linie durch Informationen und Wissen ins Politische verstrickt. Wir müssen von politischen Fragen ergriffen werden. Dazu bedarf es der Emotionalisierung der Politik. Eine Politik, die Menschen nicht emotional anspricht, kann nichts bewirken. Politik, die verändern will, muss mit einer Emotionalisierung einhergehen. Durch eine Emotion werden wir in die Lage versetzt, etwas als etwas wahrzunehmen, das uns angeht. Wir beginnen dann zu fragen, was politische Entscheidungen mit unserem Leben zu tun haben. Auf diese Rückkoppelung ist Politik angewiesen, nur so werden wir produktiv politisiert.

Eine gute Politik erzeugt Emotionen, Gefühle und Affekte, die Menschen dazu motivieren, die Gesellschaft gerechter gestalten zu wollen. Nichtsdestotrotz sensibilisiert uns die Auseinandersetzung mit dem identitären Wir für die Ambivalenz von Emotionen, Gefühlen und Affekten im politischen Raum.[3] Eine Emotionalisierung der Politik ist nicht nur hilfreich, sie kann Politik auch gefährden, und zwar dann, wenn Rechtspopulist*innen und Identitäre versuchen, Emotionen wie Neid, Hass und Gier in uns zu wecken, und diesen eine solche Form geben, dass sie zu Ressentiments und Diskriminierung führen. Wir alle kennen diese Emotionen. Wir alle sind dafür ansprechbar. Aber wir dürfen deshalb die Emotionalisierung der Politik nicht den Rechtspopulist*innen und Identitären überlassen. Die Philosophin Isolde Charim bringt es auf den Punkt: »Natürlich haben alle politischen Subjekte Gefühle – und diese nicht

2 Ebd., Pos. 464.

3 Vgl. F. Heidenreich/G.S. Schaal (Hg.), Politische Theorie und Emotionen, Baden-Baden 2012.

nur als Verirrung. Und natürlich haben Emotionen eine politische Relevanz. Emotionen sind nicht nur pathologische Störungen. Sie sind auch der zentrale Rohstoff des Politischen.«[4] Die Antwort auf die Gefahren des identitären Wir ist ein demokratisches Wir, das aus einer Emotionalisierung der Politik hervorgeht, die durch eine Sensibilisierung für Ander*e motiviert ist und in eine Sensibilisierung für Ander*e mündet.

Häufig wird die Ansicht vertreten, es ließen sich demokratische von nichtdemokratischen Emotionen unterscheiden. Diese Unterscheidung unterläuft jedoch die Komplexität der Emotionen:

> »Emotionen haben keine fixe politische Bedeutung. Es gibt keine progressiven und keine reaktionären Gefühle. Es gibt ebenso wenig genuin demokratische wie genuin totalitäre Gefühle. Auch wenn man immer wieder versucht, solche auszumachen, und einzelne Gefühle herauspickt und als demokratisch etikettiert. Vertrauen etwa. Oder Mitgefühl. Es ist aber nicht so, dass etwa Liebe und Mitgefühl demokratischere Gefühle wären als Wut oder Zorn. So kann etwa Wut gegen Ungerechtigkeit etwas Gutes sein, während rohe Wut gegen Ausländer eine negative Leidenschaft ist. Weder ist ausgemacht, dass manche Gefühle nur positiv sind, also aktivierend, einbindend, engagierend wirken, noch sind manche eindeutig und immer negativ, also aufhetzend oder das Gegenteil davon, nämlich passivierend. Emotionen haben von sich aus keine politische Substanz. Emotionen sind also im Politischen nicht von vornherein konnotiert. Sie können in jede Richtung wirken. Insofern sind Gefühle sowohl Ressource als auch Gefahr – in jedem Fall aber sind sie eine Grundtatsache des politischen Lebens. Gerade auch in der Demokratie.«[5]

Auch Nussbaum weist darauf hin, dass Emotionen »Allzweck-Instrumente« sind. Aber wir können dennoch zwischen demokratiefördernden und demokratiegefährdenden Emotionen unterscheiden, und zwar im Blick auf ihre jeweilige Form. So ist etwa Scham

4 I. Charim, Pluralismus, Pos. 1798-1799.

5 Ebd., Pos. 1800-1809.

demokratisch, wenn sie dazu befähigt, »sich für übermäßige Gier und Egoismus zu schämen [...]«. Sie wäre jedoch eine anti-demokratische Kraft, wenn sie von Personen fordern würde, »sich für ihre Hautfarbe oder ihre körperlichen Defizite zu schämen«[6].

Wenn wir von Emotionen sprechen, dann ist es wichtig, festzuhalten, dass Emotionen keine »geistlosen Energiestöße« (M. Nussbaum) sind. Emotionen setzen das Denken nicht außer Kraft. Sie bewerten das, was uns umgibt und uns erscheint[7]: »Um Mitgefühl empfinden zu können, muss man über eine ziemlich komplexe Abfolge von Gedanken verfügen: dass ein anderes Wesen leidet, dass dieses Leiden schlecht ist, dass es gut wäre, wenn es gelindert würde.« Oder man denke an Zorn: »Um nicht nur Irritation oder primitive Wut, sondern wirklichen Zorn empfinden zu können, muss man kausal denken können: Jemand hat mir etwas angetan, und das war falsch.«[8] Emotionen besitzen immer eine kognitive Komponente.[9]

Das identitäre Wir ist vor allem das Produkt von Stimmungen, Affekten und Gefühlen, die sich in der Erlebnisqualität erschöpfen und blind antreiben, während das demokratische Wir in erster Linie in Emotionen gründet. Emotionen sind Gefühle in einem engeren Sinn, Eindrücke der Selbstwahrnehmung, die natürlich auch Gefühle, also eine Erlebnisqualität und Intensität, enthalten.[10] Emotionen sind Garanten dafür, dass das Ich auf Anderes und Ander*e verwiesen bleibt. Das demokratische Wir ist exoterisch, nach außen gerichtet; das identitäre Wir ist esoterisch, nach innen gerichtet. Grundiert wird letzteres von den Emotionen Stolz, Zorn und Angst, die – um das Moment reflexiver Selbstwahrnehmung kupiert – als Gefühle ausgelebt und immer wieder neu durch den Aggressionsaffekt des Hasses angestachelt werden.

---

6 M. Nussbaum, Emotionen, 43-44.

7 Vgl. dies., Angst, 43.

8 Ebd., 43-44.

9 Vgl. S.A. Döring, Allgemeine Einleitung: Philosophie der Gefühle heute, in: dies., Philosophie der Gefühle, Suhrkamp E-Book, Pos. 119-136.

10 Vgl. dies., Philosophie der Gefühle, Pos. 137-138.

Stolz ist eine Emotion, die »den Wert der eigenen Person in einer bestimmten Situation erhöht«[11]. Rechtspopulist*innen und Identitäre versuchen Stolz jedoch als ein akutes Massengefühl zu wecken. Da aus ihrer Sicht dem Volk der Stolz fehlt, dienen die Massenaufmärsche dazu, Stolz als kollektive Disposition eines identitären Wir zu generieren. Stolz ist hier ein Gefühl, das die Masse als ein Gesamtkörper leiblich spüren soll. Es geht ihnen darum, individuelle Minderwertigkeitsgefühle durch ein positives kollektives Selbstwertgefühl zu ersetzen. Das Gelingen eines solchen Ziels hängt nicht von strukturellen Gegebenheiten ab, sondern davon, was die betreffenden Personen glauben, wovon sie überzeugt sind.[12] Stolz ist für die Rechtspopulist*innen und Identitären eine sehr hilfreiche Emotion, da es sich um »ein für Selbsttäuschungen außerordentlich anfälliges Gefühl«[13] handelt. Stolz ist überdies raumeinnehmend. Er passt zur Masse:

> »Der Stolze nimmt Raum in Anspruch. Die deutsche Sprache kennt das Verb ›stolzieren‹, um die für den Stolzen charakteristischen Haltungs- und Bewegungsmuster (häufig bereits in Form einer Karikatur) zu kennzeichnen. Der Stolze macht sich groß. Dazu passt auch die Redensart, dass sich jemand im eigenen Erfolg sonnt, die darauf anspielt, dass jemand sich genüsslich streckt und möglichst viel Platz einzunehmen versucht. Niedergedrücktheit und Minderwertigkeitsgefühl dagegen werden leiblich in entgegengesetzter Form gespürt, als Engung und als Spannung.«[14]

Neben dem Stolz bemächtigt sich das identitäre Wir des Zorns und des Hasses als Aggressionsaffekte. Die Herstellung einer gereizten Stimmung ist der Boden für Aggressionsaffekte.[15] Ein wichtiger Unterschied zwischen Hass und Zorn ist, dass der Zornige irrational handelt, während der Hassende »durch und durch rational

---

11 C. Demmerling/H. Landweer, Gefühle, Pos. 6910.

12 Vgl. ebd., Pos. 6985.

13 Vgl. ebd., Pos. 7045.

14 Ebd., Pos. 7066-7073.

15 Vgl. ebd., Pos. 8249.

in der Verfolgung seiner Hassziele sein«[16] kann. »Anders als Zorn hat Hass aber kein Maß in sich; er zielt tendenziell auf die Vernichtung des Gehassten.«[17] Gerade Hass dient der Verlebendigung der Feindschaft, da er sich auf Personen oder Gruppen bezieht. Hass »ist Ausdruck einer höchst negativen Beziehung oder stellt sie erst her«[18]. Insbesondere das Identitäre Wir ist mit dem Hass liiert, da es ein ausgesprochenes Feind-Wir ist und es keine Feindschaft ohne Hass gibt.[19] Die Adaption von Zorn und Hass als Aggressionsaffekte zeigt, dass das identitäre Wir ein durch politische Agitation hergestelltes expressives Stimmungs-Wir ist, das sich in unreflektierten und unkontrollierten Affekten in der Masse äußert. Emotionen und Gefühle entstehen nicht aus dem Nichts. »Der Hass hat immer einen spezifischen Kontext, in dem er sich erklärt und aus dem er entsteht. Die Gründe, auf die sich der Hass beruft und die erläutern sollen, warum eine Gruppe den Hass angeblich ›verdient‹, muss jemand in einem spezifischen historischen und kulturellen Rahmen produzieren.«[20] Es wurde ja schon darauf hingewiesen, dass das identitäre Wir ein dualistisches Wir ist: »Zu den Zulieferern des Hasses gehören diejenigen, die sich niemals so enthemmt entblößen würden wie die brüllenden oder zündelnden Akteure auf der Straße, die aber ihren ›Anliegen‹ eine bürgerliche Fassade geben.«[21]

Identitäre Denker könnten mit Rekurs auf Schmitt entgegnen, dass Hass für sie gar keine Option sei, da der von ihnen zugrunde gelegte Feindbegriff den Feind gerade nicht diskriminiere. Schmitt verweist dezidiert darauf, dass der Feind nicht moralisch böse, ästhetisch hässlich oder ein wirtschaftlicher Konkurrent zu sein brauche: »Er ist eben der andere, der Fremde, und es genügt zu seinem Wesen, daß er in einem besonders intensiven Sinne existenziell etwas anderes und Fremdes ist, so daß im extremen Fall Konflikte mit ihm möglich sind, die weder durch eine im voraus ge-

16 Ebd., Pos. 8274.

17 Ebd., Pos. 8307-8314.

18 Ebd., Pos. 8103-8110.

19 Vgl. ebd., Pos. 8274.

20 C. Emcke, Gegen den Hass, Fischer E-Book, Pos. 558.

21 Ebd., Pos. 702.

troffene generelle Normierung, noch durch den Spruch eines ›unbeteiligten‹ und daher ›unparteiischen‹ Dritten entschieden werden können.«[22] Dem wäre erstens entgegenzuhalten, dass Schmitt an dieser Stelle die Diskriminierung nicht völlig ausschließt, und zweitens, dass sich in dem »Realismus« und der Formalität des Begriffs des Politischen bei Schmitt etwas von dem zeigt, was Theodor W. Adorno den »manipulativen Charakter«[23] genannt hat.[24] Dieser zeichnet sich durch Emotionslosigkeit und Kälte aus, durch die Unfähigkeit, überhaupt unmittelbare menschliche Erfahrungen machen zu können. Der manipulative Charakter »will um jeden Preis angebliche, wenn auch wahnhafte Realpolitik betreiben. Er denkt oder wünscht sich nicht eine Sekunde lang die Welt anders, als sie ist [...]«[25]. Eine solche Kälte war die Voraussetzung für die Vernichtungsmaschinerie der Nationalsozialisten. Zu fragen wäre, ob nicht in der von Schmitt angeführten Differenz zwischen dem privaten Feind und dem politischen Feind die Perversion menschlicher Handlung bereits gesetzt ist[26]: »Schmitt beharrt zwar darauf, daß mit der Ausgrenzung des öffentlichen Feindes, mit dem Kampf gegen ihn und schließlich seiner Vernichtung kein Element des persönlichen Hasses verknüpft sein muß. Das aber ist es ja, was für Arendt die Banalität des Bösen und die Mechanisierung der innergesellschaftlichen Konflikte ausmacht.«[27] Gerade in der Motivlosigkeit des Mordens sah sie die »*furchtbare* Banalität des Bösen«[28].

---

22 C. Schmitt, Der Begriff des Politischen. Text von 1932 mit einem Vorwort und drei Corollarien, Berlin 1987, 27.

23 Th. W. Adorno, Erziehung nach Auschwitz, in: Ders., Stichworte. Kritische Modelle 2, Frankfurt ^{3}1970, 85-101, 94.

24 Den Abschnitt habe ich meinem Buch »Carl Schmitt und die Politische Theologie. Politischer Anti-Monotheismus, Münster 2002, 223-224« entnommen.

25 Th. W. Adorno, Auschwitz, 94.

26 Vgl. C. Schmitt, Begriff, 29, 62.

27 O. Negt, Zum Verständnis des Politischen bei Hannah Arendt, in: P. Kemper (Hg.), Die Zukunft des Politischen. Ausblicke auf Hannah Arendt, Frankfurt 1993, 55-68, 62.

28 H. Arendt, Eichmann in Jerusalem. Ein Bericht von der Banalität des Bösen, München ^{5}1986, 300 (Hervorhebung von mir).

Angst ist eine weitere Emotion, die für eine thymotische Psychopolitik nützlich ist, weil sie häufig asozial ist.[29] Angst dient, biologisch gesehen, dem Lebensschutz. Wir können uns nicht nur um uns selbst, sondern auch um andere Menschen ängstigen, unsere Kinder, Verwandten, Freunde. »Doch das bedeutet lediglich, dass das Selbst sich erweitert hat, und das intensive schmerzhafte Bewusstsein der Gefahr für das eigene vergrößerte Selbst vertreibt jegliche Gedanken an die restliche Welt.«[30] Angst hat ihren Grund zunächst in unserer Existenz, darin, dass wir endlich und verwundbar sind: »Das Leben ist einfach schwierig, und es enthält vieles, was zu fürchten ist. Die Quelle der Angst ist unsere menschliche Verletzlichkeit selbst«, aber auch der Tod, der »ein Aspekt unserer Verletzlichkeit«[31] ist. Angst ist objektlos, während Furcht intentional auf ein Objekt gerichtet ist. Wer Angst hat, weiß nicht, wovor er Angst hat. Die Angst ängstigt, wie Martin Heidegger formulierte. Genau diese Ungewissheit kann aber gerade zum Ermöglichungsgrund des Lebens werden, weil Angst zu einer Bewusstseinsregung führen kann, durch die die Existenz zum Existieren herausgefordert wird. Angst vermag Auslöser der Warum-Frage zu sein. Diese Angst ist von neurotischer Angst zu unterscheiden, wenn auch die Körperempfindungen in beiden Fällen ähnlich sein können: Zittern u.ä. Als Existenzial ist sie ein Zukunftsindikator. Bricht Altes weg, entsteht Angst, aber sie zeigt auch an, dass Neues werden kann. Furcht hingegen ist immer objektbezogen und schlägt sich nicht selten in Lebensflucht nieder. Das identitäre Wir hat Angst vor der Angst, vor dieser Bewusstseinsregung. Aus diesem Grund muss es der Angst ausweichen, sie in Furcht verwandeln, um sie auf Anderes und Ander*e abzuleiten. Die Angst hat aber ihren Grund nicht in einem vermeintlichen Feind, wie von Rechtspopulist*innen und Identitären behauptet wird. Dieser dient nur als Ableiter.

Emotionen verbinden uns mit unserem individuellen Körper. Sie gehen häufig mit bestimmten Körperempfindungen einher: Zittern, Gänsehaut. Emotionen stehen für das körperlich Unkon-

29 Vgl. M. Nussbaum, Angst, 48.

30 Ebd., 49.

31 Ebd., 64.

trollierbare. Wenn sich Emotionen durch Weinen und Lachen ausdrücken, dann werden wir von diesen Ausdrucksformen regelrecht durchgeschüttelt.[32] Um nicht mit dem eigenen Körper und der damit verbundenen Verwundbarkeit konfrontiert zu werden, fürchtet sich das identitäre Wir im allgemeinen vor Emotionen. Rechtspopulist*innen und Identitäre substituieren Emotionen durch Massenempfindungen, die zwar Angst, Zorn und Stolz beinhalten, aber das Selbst von der Konfrontation mit dem eigenen Empfinden dispensieren. Emotionen dienen nämlich der Selbstwahrnehmung, die die Rechtspopulist*innen und Identitären kaltstellen wollen.

Wenn wir von Demokratiepassionen sprechen, dann ist »davon auszugehen, dass das gesamte Spektrum der Gefühle für den Menschen zunächst eine positive Funktion hat, und mehr noch: dass jedes einzelne Gefühl zur Grundstruktur der menschlichen Ausstattung gehört und deshalb diese menschliche Welt auf besondere Weise erschließt, eine spezielle Weise des Zugangs zu dieser Welt eröffnet«[33]. Es gibt allerdings Emotionen, die eher anti-demokratisch ausschlagen können als andere, etwa der Zorn: »Zorn ist Gift für demokratische Politik, und er ist umso schlimmer, je mehr er durch unterschwellige Angst und ein Gefühl der Hilflosigkeit verstärkt wird.«[34] Zorn ist eine Reaktion auf einen Schaden, der mir zugefügt wurde und von dem ich glaube, dass er mir zu Unrecht zugefügt wurde. Zorn ist vergeltungsfixiert.[35] Das demokratische Wir kennt auch den Zorn, aber hier steht der »Zorn des Übergangs« (M. Nussbaum) im Zentrum, die Empörung. Diese Emotion ist wertvoll, da hier das Unrecht, auf das sich die Empörung bezieht, tatsächlich existiert. Des Weiteren fehlt diesem Zorn der Wunsch nach Vergeltung. Er ist der Zukunft zugewandt und auf Lösungen ausgerichtet.[36]

32 Vgl. Plessner, Die Frage nach der Conditio humana, in: Ders., Gesammelte Schriften VIII, Frankfurt 1983, 136-217, 205-209.

33 C. Demmerling/H. Landweer, Gefühle, Pos. 8262-8268.

34 M. Nussbaum, Angst, 92.

35 Vgl. ebd., 96-97.

36 Vgl. ebd., 98.

Auch der Neid gehört zu den Emotionen, die von Rechtspopulist*innen und Identitären instrumentalisiert werden. Neid kann nämlich auch sehr schnell zum Gift für die Demokratie werden: Ich vergleiche meine Situation mit derjenigen eines anderen Menschen und fühle mich benachteiligt. Die andere Person wird zu meinem Rivalen, dem ich feindlich gesinnt bin.[37] Neid geht häufig einher mit Hoffnungslosigkeit und Hilflosigkeit.[38] Es gibt aber auch eine positive Form des Neids: das Nacheifern. Ich versuche durch Anstrengungen und bessere Leistungen ein ähnliches Gut zu erhalten.[39] Neid wird nicht durch eine Ungerechtigkeit hervorgerufen. »Neid ist ›eine Form des Hasses, der seinem Objekt wie auch seinem Subjekt leicht schadet‹«[40]. Dass das identitäre Wir Ausdruck des Neids ist, verwundert nicht, wird Neid doch häufig durch einen Mangel an Selbstwertgefühl verursacht. Aber es gibt auch Neid, der aus schmerzlich empfundenen Diskrepanzen in den sozialen Lebensumständen resultiert. Dieser Schmerz kippt dann in Neid um, wenn diese Empfindung nur auf die Schädigung Ander*er ausgerichtet ist.[41] Angesichts solcher Ursachen wird deutlich, dass Politik viel tun kann, um diese Form des Neids einzuhegen.[42] Wir tragen in uns zwar bereits einen präsozialen Hang zum Guten und zum Bösen, der sich in Form von Neigungen ausdrückt, die positive und negative Handlungen auslösen können. Die Ausprägung hängt jedoch sehr stark von den Kontextbedingungen ab, in denen wir aufwachsen und leben. Wer also nur über Emotionen spricht, ohne die strukturellen Rahmungen mitzubedenken, verkennt die Instabilität derselben.[43]

Im Gegensatz zu anderen Emotionen ist Scham ein Gefühl, das dezidiert nach innen gerichtet ist, ebenso wie Schuld. Beide sind attraktiv für Rechtspopulist*innen und Identitäre, weil sie

37 Vgl. ebd., 165-166.

38 Vgl. dies., Emotionen, 512.

39 Vgl. ebd., 511-512.

40 Ebd., 512-513.

41 Vgl. ebd., 514-515.

42 Vgl. ebd., 175.

43 Vgl. ebd., 251, 253.

»schmerzliche Gefühle [sind, J.M.], die dem eigenen Ich gelten«[44]. Beide Gefühle verstricken das Selbst aber auf unterschiedliche Art und Weise: Schuld bezieht sich auf ein schlechtes Verhalten in der Vergangenheit, während Scham »der gegenwärtigen Verfassung des Ich [gilt, J.M.] und [...] sich (für gewöhnlich) auf eine Eigenschaft« bezieht.[45] Ein Schuldgefühl kann konstruktiv auf Wiedergutmachung ausgerichtet sein. Rechtspopulist*innen und Identitäre kritisieren immer wieder einen vermeintlichen Schuldkomplex der Deutschen. Nicht selten wehren sie sich gegen eine fiktive Anklage einer Kollektivschuld, um der Kollektiv-Verantwortlichkeit, die sich aus der Vergangenheit ergibt, auszuweichen. Scham ist häufig »ein unauslöschlicher Teil der eigenen Persönlichkeit«[46]. Rechtspopulist*innen und Identitäre zielen darauf ab, Scham als Gruppengefühl herzustellen: »Da die Mitglieder der dominanten Gruppe gewöhnlich selbst etwas von sich verbergen, was die Gesellschaft nicht gutheißt, oder befürchten, sie könnten irgendwann ein solches Merkmal haben, verschaffen sie sich durch die Brandmarkung anderer psychische Entlastung, halten die eigene Scham nieder und verstärken das Gefühl, ›in Ordnung‹ zu sein.«[47]

Das demokratische Wir muss dieser projektiven Instrumentalisierung der Scham widerstehen, nicht nur, weil Scham in dieser Weise Mitgefühl zerstört, sondern auch, weil Ander*e durch Scham gedemütigt werden:

> »Demütigung ist das aktive öffentliche Gesicht der Scham: Sie besteht darin, daß anderen aus einer feindseligen Einstellung heraus Schamgefühle aufgezwungen werden. Wenn Menschen sich schämen, weil sie persönlichen Maßstäben nicht gerecht werden, fühlen sie sich nicht gedemütigt; eine Demütigung ist auch dann nicht gegeben, wenn die Aufforderung, sich zu schämen, auf liebevolle und konstruktive Weise erfolgt, wenn etwa Eltern ein Kind (wohlmeinend) auffordern, sich seines Egoismus oder seiner Faulheit zu

44 Ebd., 541-542.

45 Ebd., 541.

46 Ebd., 541-542.

47 Ebd., 541.

schämen. Es ist die Verbindung von Öffentlichkeit und Feindseligkeit, die die Aufforderung, sich zu schämen, zu einer Demütigung macht.«[48]

Eine starke anti-demokratische emotionale Kraft, ohne die es kein identitäres Wir geben würde, ist das Ressentiment. Dem Philosophen Max Scheler zufolge handelt es sich beim Ressentiment um eine »seelische Selbstvergiftung«, eine »dauernde psychische Einstellung, die durch systematisch geübte Zurückdrängung von Entladungen gewisser Gemütsbewegungen und Affekte entsteht, welche an sich normal sind und zum Grundbestande der menschlichen Natur gehören [...]«[49]. Das Ressentiment ist »Ausdruck gescheiterter Selbstbehauptung. Genauer, es ist eine fehlgeleitete, eine bis zur Pathologie in sich verschraubte und vor allen Dingen destruktive Reaktion auf und Umgangsweise mit diesem Scheitern.«[50] Rechtspopulist*innen und Identitäre nutzen das Ressentiment als »Machttechnik«, indem sie der Masse vorgaukeln, »die eigene Selbstbehauptung gehe nur auf Kosten der Erniedrigung anderer, die eigene Würde koste die Entwürdigung anderer«[51]. Sie inszenieren sich als Fürsprecher des Selbstbehauptungswillens, indem sie »Ressentimentpolitik« bedienen, statt Ressentiment zu verhindern und den Weg für echte Selbstbehauptung zu bahnen.[52]

Die Identität des Ressentimentmenschen ist die Opferrolle.[53] Robert Müller bringt die Herausforderung auf den Punkt:

> »Der Kampf, den der Ressentimentale führt, ist menschlich verständlich, ist insofern nachvollziehbar, da am Grund eines jeden Ressentiments eine reale Kränkung, eine reale Verletzung verborgen liegt. Doch die Perversion des Ressentiments ist die Inversion seiner Genesis: in der ersten Dimension betrifft das die Verschie-

48 Ebd., 543.

49 M. Scheler, Das Ressentiment im Aufbau der Moralen, Frankfurt ^{3}2017, 4.

50 R. Müller, Ressentiment. Wiege des Populismus, Dresden 2019, 12.

51 Ebd., 140.

52 Vgl. ebd., 142.

53 Vgl. ebd., 143.

> bung der Ressentimentaffekte von ihren eigentlichen Objekten auf Ersatzobjekte (die Attacken des Ressentimentalen gehen nicht mehr gegen die, die sie verdienen, sondern gegen eigentlich Unbeteiligte); in der zweiten Dimension betrifft das die Verkehrung von Abwehrhandlungen gegen Kränkungen zu Auslösehandlungen von Kränkungen (da die Attacken des Ressentimentalen – gerade weil es gegen Ersatzbösewichte geht – häufig völlig unprovoziert sind, lösen sie überhaupt erst neue Konflikte und neue Verwundungen aus: das, was ihn gegen ressentimentauslösende Verletzungen immunisieren soll, bewirkt letztlich erst recht Verletzungen und wirkt somit ressentimentauslösend).«[54]

Zwei Emotionen sind für das demokratische Wir von zentraler Bedeutung, nicht zuletzt deshalb, weil sie Gegenkräfte gegen das Ressentiment sind: Mitgefühl und Liebe. Nach Nussbaum gehören zur Emotion des Mitgefühls folgende Elemente: Mitgefühl wird bei uns ausgelöst, wenn wir annehmen, dass »die Person, die Mitgefühl empfindet, glaubt, daß das Leiden eines anderen Menschen einen triftigen Grund hat«[55]. Wichtig ist »der Gedanke der Schuldlosigkeit« des notleidenden Menschen, ebenso »der Gedanke, so etwas könne jedem passieren«[56]. Und ein weiteres Element verbindet den mitfühlenden Menschen mit dem leidenden Menschen: »Der Mensch, der Mitgefühl empfindet, denkt häufig, daß die leidende Person ihm oder ihr ähnlich ist und ähnliche Möglichkeiten im Leben hat.«[57] Darüber hinaus geht Nussbaum davon aus, dass der Gedanke oder das Urteil wichtig ist, das der leidenden Person »einen wichtigen Platz im Leben des Menschen zuweist, der diese Empfindung hat«[58]. Das heißt nicht, dass das Mitgefühl nur auf mir nahestehende Menschen ausgerichtet ist. Eine emotional ansprechende Beschreibung der Notlage eines anderen Menschen kann ausreichen, um »diesen Menschen vorübergehend in den Mittelpunkt der

---

54 Ebd., 144.

55 Vgl. M. Nussbaum, Emotionen, 218.

56 Ebd., 219, 220.

57 Ebd., 220.

58 Ebd., 220-221.

Dinge [zu, J.M.] rücken, die für uns wichtig sind. Wenn Menschen von einem Erdbeben oder einer vergleichbaren Katastrophe erfahren, sind sie häufig von den Leiden der betroffenen Fremden tief berührt, und diese Fremden sind ihnen – eine Zeitlang – wirklich wichtig.«[59] In diesem Zusammenhang kommt Nussbaum auch auf Empathie zu sprechen: die Fähigkeit, »sich die Situation des anderen vorzustellen und dessen Perspektive einzunehmen«[60]. Allerdings betont sie, dass »Empathie allein [...] noch kein Mitgefühl [ist, J.M.], denn ein Sadist kann beträchtliche Empathie mit der Situation eines anderen Menschen haben und sie benutzen, um diesem Menschen Schaden zuzufügen«[61]. Nussbaum macht in diesem Zusammenhang darauf aufmerksam, dass Empathie keine notwendige Bedingung für Mitgefühl ist. So können wir »sicher sein, daß Tiere beispielsweise in der fabrikmäßigen Nahrungsmittelherstellung leiden, ohne uns vorzustellen, wie es ist, ein Schwein oder ein Huhn zu sein«[62].

Durch das Mitgefühl werden wir immer wieder neu an die Grenzen unserer Möglichkeiten geführt, die wir jedoch im Kollektiv überschreiten können: »Im Wissen um diese Grenze werden jene Menschen, bei denen eine bestimmte Notlage großes Mitgefühl weckt, danach trachten, nicht nur die Emotionen ihrer Mitmenschen zu mobilisieren, sondern auch Gesetze und Institutionen zu schaffen, die ihrem Anliegen Stabilität verleihen.«[63]

Neben dem Mitgefühl ist Liebe eine starke Emotion, die aber auch nicht immer eindeutig demokratisch wirkt. Durch Liebe erfahren Menschen Anerkennung und können Selbstvertrauen ausbilden, welches die Voraussetzung eines Selbstwertgefühls ist. Liebesbeziehungen sind die Basis dafür, dass wir Abscheu vor Unmenschlichkeit empfinden, dass wir Glück wahrnehmen, das nicht aus dem Unglück Ander*er hervorgeht, kurz: dass wir in der Lage sind, die Verwundbarkeit Ander*er zu erkennen und anzuerken-

59 Ebd., 221.

60 Ebd., 223.

61 Ebd., 224.

62 Ebd., 224-225.

63 Ebd., 207-208.

nen.[64] »Die Dynamik im menschlichen Leben, die Liebe notwendig machte (Hilflosigkeit, Angst und Wut über diese Hilflosigkeit), verschwinden [sic!] im Laufe der Zeit nicht, sondern bestehen weiter – weswegen Liebe in den Interaktionen der Erwachsenen weiterhin ein notwendiges Element ist, wenn diese nicht in Narzißmus zurückfallen sollen. Dies gilt im politischen Leben ebenso wie in der Familie und in freundschaftlichen Beziehungen.«[65] Liebe kann allerdings auch Ausdruck eines paternalistischen oder aber hörigen Verhaltens sein. Im Blick auf das demokratische Wir spricht Nussbaum von der patriotischen Liebe als konvivialer Kraft. Sie benennt auch Bedingungen für Liebe: »Damit die Menschen etwas lieben, müssen sie es als ›ihr eigenes‹ betrachten und am besten auch als ›das einzige, das sie haben‹. [...] Damit Menschen sich um andere kümmern, müssen sie dazu gebracht werden, den Gegenstand der potentiellen Fürsorge irgendwie als den ›ihrigen‹ zu betrachten.«[66] Liebe ist für Nussbaum Hingabe. Wichtig ist die Erkenntnis, dass Liebe nicht erzwungen werden kann.[67] Laut Nussbaum ist Liebe unerlässlich für Politik, da Gerechtigkeit auf Liebe angewiesen ist:

> »Gerechtigkeit braucht [...] Liebe – zumal wenn Gerechtigkeit noch nicht verwirklicht ist, sondern angestrebt wird (wie in allen realen Staaten), aber auch in einer perfekten Gesellschaft sollte es diese geben. Wenn wir uns einig sind, daß Gerechtigkeit Liebe braucht, wissen wir noch nicht, auf welche Weise sie gebraucht wird, wie eine gute Gesellschaft es im Einklang mit Freiheit im liberalen Sinne schaffen könnte, die Bürger dazu zu bringen, die Emotionen zu entwickeln, die die Theorie sich vorstellt.«[68]

Liebe treibt an, gegen Leid anzukämpfen und für Gerechtigkeit einzustehen. Gerechtigkeit ist in ihrem Kern politische Liebe: »Tender-

---

64 Vgl. Dies., Gerechtigkeit oder Das gute Leben, Frankfurt a.M. 1997, 190ff.

65 Dies., Emotionen, 289.

66 Ebd., 335.

67 Vgl. C. Demmerling/H. Landweer, Gefühle, Pos. 3733.

68 M. Nussbaum, Emotionen, 569-570.

ness is what love looks like in private.«[69] – »Justice is what love looks like in public.«[70] Deshalb rät Cornel West Politiker*innen: »You can't lead the people if you don't love the people.«[71]

Im Blick auf die Gegenwart diagnostiziert Nussbaum seit Donald Trumps Regierungsantritt einen Vertrauensverlust: »Diese Weigerung zu vertrauen durchzieht jetzt das ganze Land.«[72] Die Idee des patriotischen Wir ist für Nussbaum die Antwort auf eine fundamentale Vertrauenskrise. Vertrauen ist die Kraftquelle des (Zusammen-)Lebens. Ein starkes Selbst gibt es nicht ohne Abhängigkeiten von Ander*en. Das identitäre Wir basiert auf einem Heroismus, der diese Abhängigkeiten leugnet. Stattdessen reklamiert es Abhängigkeiten, die das Selbst feststellen. Anders das Vertrauen: Es führt in Abhängigkeiten, die freisetzen, geht jedoch immer mit dem Risiko der Selbstgefährdung einher. Die Grundkraft des Vertrauens ist Liebe. Vertrauen in seinen drei Weisen (Urvertrauen als »Überzeugtsein vom Sinn eigenen Daseins«[73]; Selbstvertrauen; dialogisch-soziales Vertrauen) ist *die* Kraft gegen das Ressentiment. Ohne Vertrauen kann keine Identität ausgebildet werden.

In einer Gesellschaft, der das gegenseitige Vertrauen abhandenkommt, die durch Spaltung gekennzeichnet ist, entstehen »alternative Fakten«. Wer niemandem mehr vertraut, dem kommen mit dem Vertrauensverlust das Wissen und die Wahrheit abhanden. Das identitäre Wir ist Zeichen eines massiven Vertrauensverlustes. Es steht für den perversen Versuch, die Zerstörung von Vertrauen als Vertrauensakt auszuweisen. Dieser »Vertrauensakt« ist völlig jenseits von Fakten und Wahrheit(en) angesiedelt. So jenseitig, dass die Unwahrheit nicht einmal mehr durch die Lüge versteckt werden muss. Dies Phänomen ist nicht neu. Bereits Theodor W. Adorno stellte fest:

---

69 C. West, in: J. Manemann u.a., Pragmatismus, 161.

70 C. West, Hope on a Tightrope, New York [3]2011, 181.

71 Ebd., 151.

72 M. Nussbaum, Angst, 26.

73 B. Kirchner, Der kontemplative Weg. Begegnungen mit der persönlichen Innenwelt, Kammeltal 2008, 14.

> »Unter den abgefeimten Praktikern von heute hat die Lüge längst ihre ehrliche Funktion verloren, über Reales zu täuschen. Keiner glaubt keinem, alle wissen Bescheid. Gelogen wird nur, um dem anderen zu verstehen zu geben, daß einem nichts an ihm liegt, daß man seiner nicht bedarf, daß einem gleichgültig ist, was er über einen denkt. Die Lüge, einmal ein liberales Mittel der Kommunikation, ist heute zu einer der Techniken der Unverschämtheit geworden, mit deren Hilfe jeder die Kälte um sich verbreitet, in deren Schutz er gedeihen kann.«[74]

Lügen ist keine Täuschung mehr, sondern Demonstration der Macht, welche Kälte verbreitet, um unangreifbar zu scheinen. Das heimliche Motto des identitären Wir lautet nicht »Fake the Facts«, sondern »Fuck the Facts«[75]. Präfaktisch ist präfaschistisch, in Timothy Snyders Worten: »Nach der Wahrheit ist vor dem Faschismus.«[76]

Gegenwärtig stellt sich eine perverse Situation ein: Gerade denjenigen, die durch ihre Worte und Taten die Vertrauenskrise verschärfen und bewusst an der Zerstörung des Vertrauens ineinander arbeiten, wird zunehmend das Vertrauen ausgesprochen. Das identitäre Wir ist Symptom einer Krankheit – Vertrauensverlust –, die es vorgibt zu heilen. Das identitäre Wir ist eine Anti-Beziehungsweise. Anti-identitäre Arbeit ist deshalb Arbeit an Beziehungen.

Die starke Hervorhebung der Bedeutung politischer Emotionen für die Demokratie darf nicht anti-legalistisch missverstanden werden: »Selbstverständlich sind Gesetze sehr wichtig. Gesetze und Institutionen schützen uns vor den Schäden, die negative Emotionen verursachen können, und es sind Gesetze, die der Erzeugung

---

74 Th. W. Adorno, Minima Moralia. Reflexionen aus dem beschädigten Leben, Frankfurt 1991, 28.

75 Vgl. dazu Ch. Paret, Der Reiz des unverhohlen Illegitimen. Wie man sich auf das »Postfaktische« einen Reim machen kann, ohne von aufzuklärenden Getäuschten auszugehen, in: M. Kotzur (Hg.), Wenn Argumente scheitern. Aufklärung in Zeiten des Populismus, Münster 2018, 57.

76 T. Snyder, Über Tyrannei. Zwanzig Lektionen für den Widerstand, C.H. Beck E-Book, Pos. 492.

positiver Emotionen häufig vorausgehen und eine wegweisende Funktion haben. Wir möchten sicherlich nicht warten, bis die meisten Menschen sich miteinander verbunden fühlen, bevor wir die Bürgerrechte der Verletzbaren schützen.«[77] Folglich gilt: »Man soll nicht die in einer emotionalen Reaktion liegende Erkenntnis ablehnen, da sonst ein Großteil unserer ethischen Verbundenheit mit anderen verlorengeht. Aber man soll auch die Prinzipien nicht aus den Augen verlieren und die Emotionen entsprechend zügeln.«[78] Politisch kommt es darauf an, gesellschaftliche Zustände zu schaffen, die sowohl individuelle als auch kollektive Neigungen, Ander*e herabzusetzen, eindämmen.[79]

77 M. Nussbaum, Emotionen, 473.

78 Ebd., 478-479.

79 Vgl. ebd., 14.

IV. Das radikaldemokratische Wir

Das demokratische Wir setzt sich anders als das identitäre Wir aus den »Vielen« zusammen. Es ist »das Volk aus Fleisch und Blut mit seinen Individuen« (Paolo Flores d'Arcais). Wenn Pluralität eine Voraussetzung von Politik ist, dann darf diese Pluralität nicht mit Neutralität verwechselt werden: Wir fühlen uns letztlich nur dann als Menschen anerkannt, wenn wir als Individuen in unserer Andersheit gewürdigt werden. Ich will nicht nur als Mensch anerkannt werden, sondern als Atheist*in, als Jüd*in, als Muslima*, Christ*in, Agnostiker*in … . Diese Anerkennung lässt sich nicht auf den Raum des Privaten beschränken. Ansonsten wäre die politische Arena ein Raum, in dem meine Identität halbiert werden würde.[1] Pluralität steht auch für eine Pluralität von kollektiven politischen Identitäten. Und so gibt es nicht nur eine Vorstellung und eine Formation des demokratischen Wir. Es gibt das demokratische Wir, sei es das Bekenner*innen-Wir oder das patriotische Wir, das für die Hegung einer konfliktiven politischen Pluralität, und ein radikal-demokratisches Wir, das für die produktive Radikalisierung derselben steht. Während sowohl das Bekenner*innen-Wir als auch das patriotische Wir auf die Bestätigung und Verstärkung eines bestehenden Identitätsgefühls ausgerichtet sind, ist das radikaldemokratische Wir Ausdruck einer kollektiven Selbstwirksamkeitserfahrung. Kollektivität ist hier vor allem eine gemeinsame verändernde Praxis. Das demokratische Wir – das Bekenner*innen-Wir und das patriotische Wir – zielt auf eine die Identität stabilisierende Lebensform,

1 Vgl. J. Manemann, Wie wir gut zusammen leben. 11 Thesen für eine Rückkehr zur Politik, Ostfildern 2013, 56/57.

das radikaldemokratische Wir auf ein diese Formung immer wieder neu störendes Ereignis.

Das Ereignis steht für Störungen der Politik durch Formen des Protests und des Widerstandes gegen Ungerechtigkeit. Sie sind Motoren der Transformation von Politik. Politik ist um ihrer selbst willen darauf angewiesen. Ansonsten würde sie entweder zur bloßen Herrschaft verkommen oder zum bloßen Geschäft werden oder nur noch Verwaltung sein. Wer verstehen will, was der Kern des Politischen ist, muss wissen, was es mit der Störung der Ordnung der Politik auf sich hat, für die das radikaldemokratische Wir steht. Das Politische ereignet sich nämlich im radikaldemokratischen Wir. Dieses Ereignis lässt sich aber nicht eindeutig einem bestimmten Gebiet zuordnen. Während Politik ein klar umrissenes Sachgebiet ist, steht dieses Wir für eine bestimmte Intensität. Es lässt sich weder auf einen bestimmten Ort in der Zivilgesellschaft beschränken, noch lässt es sich auf ein bestimmtes Sachgebiet reduzieren. Alle sozialen Felder können jederzeit politische Felder werden. Die Störung durch das radikaldemokratische Wir ist aber nur solange eine politische Störung, wie sie die Weigerung enthält, Gegner*innen jenseits der Frontlinie als absolute Feind*innen zu denunzieren.

Die Grundkategorien des radikaldemokratischen Wir sind Leidempfindlichkeit und Differenzsensibilität. Differenzsensibilität steht für den Anspruch, das Ganze in der Versöhnung der Differenz zu denken.[2] Oder anders formuliert: den besseren Zustand als den zu denken, »in dem man ohne Angst verschieden sein kann«[3]. Dieses Wir macht ernst mit der Erkenntnis, dass das wirkliche Volk »das Ensemble der streitenden Individuen« (P. Flores d'Arcais) ist. Gegen Tendenzen der Verkümmerung des politischen Einfühlungsvermögens, wie es sich im identitären Wir zeigt, setzt das radikaldemokratische Wir auf eine politische Sensibilisierung, die uns für die tiefen Anliegen Ander*er öffnet. Motor dieser Sensibilisierung ist unsere Leidemp-

2 Vgl. Th. W. Adorno, Minima Moralia. Reflexionen aus dem beschädigten Leben, Frankfurt 1987, 130. In seinem Aphorismus »Melange« unterläuft Adorno jedoch den eigenen Anspruch.

3 Ebd., 131.

findlichkeit. Wenn hier von Leidempfindlichkeit gesprochen wird, dann geht es um eine Sensibilität, die nicht bei der Wahrnehmung des eigenen Leids stehen bleibt, sondern zur Wahrnehmung und Abschaffung des Leids Ander*er vorstößt.[4] Das radikaldemokratische Wir steht für ein politisches Handeln, dessen grundlegender Maßstab die Anerkennung des Leids Ander*er ist.

1. Leidempfindlichkeit

Am Anfang des Liberalismus standen nicht, wie häufig in politischen Debatten behauptet wird, wirtschaftsliberale Ideen, sondern die »aus tiefsten Schrecken geborene Überzeugung der frühesten Verfechter der Tolerierung, dass Grausamkeit ein absolutes Böses ist, ein Vergehen gegen Gott oder gegen die Menschheit«[5]. Eine liberale Politik gründet deshalb nicht nur und nicht in erster Linie in der Idee der Freiheit, sondern in der Erfahrung, dass Menschen als politische Subjekte zuallererst einen Körper haben, der dem Schmerz, der Grausamkeit und der Furcht ausgesetzt ist.[6] Folglich setzt das Zusammenleben in einer liberalen Demokratie die Bereitschaft voraus, einander als empfindungsfähige Wesen anzuerkennen. Diese Bereitschaft wurzelt wiederum in der Fähigkeit, sich in die Position Ander*er, vor allem der Betroffenen, mitfühlend hineinzuversetzen. Diese Fähigkeit ist die Voraussetzung für das Vermögen, einen Sinn für Ungerechtigkeit auszubilden. Shklar zufolge ist dieser Sinn »die beste Begründung für unseren Anspruch auf Würde.«[7] Und sie fährt fort: »Unser Sinn für Ungerechtigkeit mag eingeschlafen sein, ganz und gar verlassen kann er uns nicht. Keine Vorstellung davon zu haben, was es heißt, ungerecht behandelt zu werden, bedeutet, über keinerlei moralisches Wissen zu verfügen

---

4 Vgl. J.B. Metz, Memoria Passionis. Ein provozierendes Gedächtnis in pluralistischer Gesellschaft, Freiburg/Basel/Wien 2006, 166-171.

5 J. Shklar, Liberalismus, 32.

6 Vgl. ebd., 141.

7 Dies., Über Ungerechtigkeit. Erkundungen zu einem moralischen Gefühl, Frankfurt 1997, 111.

und kein moralisches Leben zu führen.«[8] Von hier aus muss das Politische verstanden werden: Das Politische kennen heißt, fühlen, was ungerecht ist. Dieses Verständnis des Politischen ist vehementer Einspruch gegen das identitäre Verständnis des Politischen als der Unterscheidung von Freund und Feind.

Ohne Leidempfindlichkeit existierte das Politische gar nicht, mithin auch nicht das radikaldemokratische Wir. Beide gründen in dem Bedürfnis, »Leiden beredt werden zu lassen« (Th. W. Adorno). Dieses Bedürfnis gäbe es nicht ohne die Wahrnehmung der eigenen Verwundbarkeit und die der Ander*en.[9] Das Politischsein basiert auf dieser Verwundbarkeit: Jedem Menschen kann Leid zugefügt werden und jede*r kann vom Leid Ander*er betroffen werden. Die hier gemeinte Leidempfindlichkeit geht mit dem Anspruch einher, nicht bei der Wahrnehmung des eigenen Leids stehenzubleiben, sondern zur Wahrnehmung und Abschaffung des Leids Ander*er vorzustoßen.[10] Aus diesem Grund ist Aristoteles' Bestimmung des Politischseins defizitär, denn das Politischsein des Menschen gründet nicht nur in seiner Sprach- und Vernunftfähigkeit. Basal für das Zusammenleben ist Leidempfindlichkeit. Diese Leidempfindlichkeit ist tief im Menschsein verankert.

Wir Menschen sind, wie es der Philosoph Cornel West vortrefflich zum Ausdruck gebracht hat, zweibeinige, sprachbegabte und mit Bewusstsein ausgestattete Kreaturen.[11] Wir vermögen zu begehren und zu wünschen. Von Geburt an sind wir alt genug zum Sterben, aber dennoch sind wir mit Einfallsreichtum und Neugierde begabt, die uns befähigen, Visionen und Hoffnungen für eine bessere und gerechtere Gesellschaft zu entwickeln. All das tun wir in einer Umwelt, die wir nicht selbst gewählt haben. Wir wurden nie gefragt, ob wir überhaupt geboren werden wollten. Unsere Existenz verdankt sich vielen Zufällen. Wir sind fragile Organismen, die ihr Leben angesichts der Schrecken der Natur, des Ter-

---

8 Ebd., 110.

9 Vgl. A. Gruen, Wider den Terrorismus, Stuttgart 2015, 61.

10 Vgl. J.B. Metz, Passionis, 166ff.

11 Diesen Abschnitt habe ich im Wesentlichen aus »J. Manemann, Pragmatismus, 10« übernommen.

rors und der Katastrophen der Geschichte, der Grausamkeiten des Schicksals und des Glücks leben müssen.

Unser Vermögen zur leidempfindlichen Humanität gründet in dieser fragilen Konstitution. Wir alle besitzen aufgrund dieser Fragilität Erfahrungen von Leid. Jeder Mensch empfindet Schmerzen und Leid. Ein leidender Mensch darf deshalb unterstellen, dass ein anderer Mensch seine Schmerzen und sein Leid auch nicht ertragen möchte und beides deshalb ablehnt. Leid und Schmerz tragen den Imperativ ihrer Abschaffung in sich. Aus Leidempfindlichkeit kann Mitleidsfähigkeit erwachsen. Im Mitleid leidet der Mensch persönlich am Leid des Ander*en. Es ist diese Leidempfindlichkeit, die uns erkennen lässt, dass der andere Mensch zuerst Mensch ist und erst dann Mitglied einer Kultur oder Religion. Auf der Basis dieser Empfindlichkeit wächst eine Empfindsamkeit, die die Voraussetzung dafür ist, die Würde eines anderen Menschen erkennen und anerkennen zu können. Eine Weltwahrnehmung, die in dieser Leidempfindlichkeit gründet, ist eine passionierte Weltwahrnehmung, die in dem von dem Sozialethiker Peter Rottländer formulierten Grundsatz mündet, dass es kein Leid gibt, das nicht angeht.[12] Rottländer erläutert den Sinn dieses Grundsatzes folgendermaßen:

> »Die Negativformulierung ist absichtsvoll gewählt, wird aber leicht übersehen und mit der positiven Formulierung ›wir sind für alle verantwortlich‹ identifiziert. […] die Negativformulierung impliziert […] nicht, dass hier eine Verantwortlichkeit von jedem für alles gefordert sei. Sie sagt lediglich folgendes […]: Es ist nicht legitim, bestimmte Gruppen von Menschen von vornherein aus der angezielten Solidarität auszuschließen. Es geht um den Ausschluss von Ausschlüssen.«[13]

12 Vgl. P. Rottländer, Ethische Rechtfertigung weltweiter Solidarität. Deskriptive, normative und methodische Aspekte, in: N. Brieskorn (Hg.), Globale Solidarität. Die verschiedenen Kulturen und die Eine Welt, Stuttgart/Berlin/Köln 1997, 117-142, 121.

13 Ebd., 121.

Aufgrund unserer Leidempfindlichkeit vermögen wir, ein »universales Verantwortungsempfinden« (P. Rottländer) auszubilden, das uns empfindlich macht für das Leid Ander*er, für fremdes Leid.[14] Leidempfindlichkeit ist die Voraussetzung für eine Ethik des (Zusammen)Lebens. Sie ist tief in die individuelle Körperlichkeit eingesenkt. Ohne sie gibt es keine Demokratiepassion(en).

Aus dieser Perspektive wird deutlich: Die Beziehung des Menschen zum anderen Menschen ist von Beginn an eine Beziehung, in der Gleichgültigkeit, wie der Philosoph Emmanuel Lévinas aufweist, keine Möglichkeit ist. Beziehung gründet in einer radikalen, nicht delegierbaren Verantwortung des Ich für Ander*e. Auf die Herausforderung durch Ander*e zu reagieren, »seine Bedeutung zu verstehen, heißt wach zu sein für das, was an einem Leben gefährdet ist, oder vielmehr wach sein für die Gefährdetheit des Lebens an sich«[15]. Menschliches Leben ist das Leben von endlichen und verwundbaren Lebewesen, die ein genaues Wissen davon haben, dass ihr Leben endlich und ihr Zustand verwundbar ist.[16] Von diesem Wissen ist menschliches Leben immer berührt.[17] Berührtsein heißt, Endlichkeit und Verwundbarkeit zu erfahren. Kommt uns die Erfahrung von Endlichkeit und Verwundbarkeit abhanden, so kommt uns unsere Menschlichkeit abhanden, dann wird unser Verhalten zerstörerisch.

Wenn hier von Verwundbarkeit gesprochen wird, so müssen stets die Gefahren einer solchen Rede mitbedacht werden: Die Bezeichnung »verwundbar« kann benutzt werden, um eine restriktive Politik zu etablieren, indem mit dem Begriff eine bestimmte Gruppe von Menschen ausgeschlossen oder als beschützenswert markiert wird.[18] Verwundbarkeit und Unverwundbarkeit sind in ihren unterschiedlichen Facetten immer auch als politische Effekte

---

14 Ders., Vom Eigeninteresse zur Moral? Überlegungen zur ethisch-normativen Grundlegung von Entwicklungspolitik, in: A. Habisch/U. Pöner (Hg.), Signale der Solidarität. Wege christlicher Nord-Süd-Ethik, Paderborn 1994, 153-180.

15 J. Butler, Gefährdetes Leben. Politische Essays, Frankfurt ^{5}2017, 160.

16 Vgl. M. Seel, Versuch über die Form des Glücks, Frankfurt 1999, 123.

17 Vgl. ebd., 123.

18 Vgl. J. Butler, Anmerkungen zu einer performativen Theorie der Versammlung, Suhrkamp E-Book, Pos. 2262.

zu betrachten, »als ungleich verteilte Wirkungen eines Machtfeldes, das auf und durch Körper wirkt«[19]. Die Verwundbarkeit des Körpers geht zudem immer mit einer Unvorhersehbarkeit und Unverfügbarkeit einher: »das kann die beiläufige Bemerkung eines Fahrgastes sein, die man zufällig im Bus aufschnappt, der plötzliche Verlust einer Freundschaft oder auch die brutale Vernichtung von Leben durch einen Bombenangriff«[20]. Verwundbarkeit bedeutet nicht nur Leid, Schmerz, Gefährdetheit, Gewalt, sondern auch Leidenschaft, Liebe, Trauer.

Aber woher kommt immer wieder der Drang und der Wille, sich dieser Verwundbarkeit zu entledigen? Gewalt gegen andere Menschen, auch die Stigmatisierung anderer Menschen resultieren häufig aus Furcht vor dem eigenen Menschsein, aus Furcht vor der eigenen Schwäche, vor der eigenen Endlichkeit und Verwundbarkeit.[21] Die Leugnung des Menschseins Ander*er ist sehr oft die Abscheu, die man vor der eigenen Hilflosigkeit empfindet, welche in der Verwundbarkeit des eigenen Körpers gründet und den Diskriminierenden mit seiner eigenen Machtlosigkeit konfrontiert.[22] Diese projektive Abscheu, die sich in Zeiten der Krise intensiviert, ist zumeist nichts anderes als die Übertragung »eklige[r] Eigenschaften vom eigenen Selbst auf andere [...]: ›Sie sind übelriechend und bestialisch.‹«[23] Diskriminierung und Stigmatisierung sind eine Flucht vor dem eigenen Selbst.[24] Um der Furcht vor dem eigenen Selbst- und Menschsein, die sich im identitären Wir ausdrückt, zu begegnen, sind wir auf die Erfahrung von Ereignissen angewiesen und auch auf Lebensformen, die uns »die Botschaft vermitteln, dass alle Menschen verletzlich und sterblich sind und dass dieser Aspekt des menschlichen Lebens nicht hassenswert und abzulehnen ist, sondern [das menschliche Leben auszeichnet und, J.M.]

---

19 Ebd., Pos. 2271.

20 Ebd., Pos. 2326-2328.

21 Vgl. J. Manemann, Der Dschihad und der Nihilismus des Westens. Warum ziehen junge Europäer in den Krieg?, Bielefeld 2015, 108/109.

22 Vgl. M. Nussbaum, Emotionen, 262.

23 Dies., Angst, 137-138.

24 Vgl. ebd., 159-160.

durch gegenseitige Anerkennung und Hilfe aufgefangen werden kann«[25]. Eine Gesellschaft, in der Menschen Menschlichkeit als Schwäche erfahren, produziert einen Hass auf das Eigene.[26]

2. Differenzsensibilität

Die zweite Grundkategorie des radikaldemokratischen Wir ist Differenzsensibilität. Damit ist das Vermögen bezeichnet, Identitäten anzuerkennen und Missachtungen zu erkennen.

2.1 Anerkannte Identität

Für das radikaldemokratische Wir gilt, was für jedes Wir gilt: Ein Wir, sei es nun familiär oder gesellschaftlich konstituiert, ist nie nur Ermöglichungsgrund von Selbstwerdung, sondern immer auch Ursache von Selbstverzerrungen und von Selbstdeformationen. Der Philosoph Martin Heidegger hat diese Macht Ander*er in seinen Analysen des »Man« eindringlich vor Augen geführt: Das Selbst lässt sich von einem neutralen »Man« in seinem Leben bestimmen. Dieses »Man« macht ein eigentliches Leben unmöglich. Unser Leben ist von solchen Verzerrungen gekennzeichnet. Immer dann, wenn wir den Eindruck haben, ein fremdbestimmtes Leben zu führen, erfahren wir dieses Verstricktsein in das »Man«. Es ist aber keineswegs so, dass dieses Verstricktsein als bloße Verfallenheit an das »Man« empfunden wird. Nicht selten erleben Menschen es als Entlastung, wird ihnen doch das Leben von Ander*en abgenommen. Es ist bequem, nicht sein eigenes Leben führen zu müssen, sondern sich dieses von Ander*en abnehmen zu lassen. Gerne stellen wir uns in die Botmäßigkeit Ander*er: »Wir genießen und vergnügen uns, wie *man* genießt; wir lesen, sehen und urteilen über Literatur und Kunst, wie *man* urteilt; wir ziehen uns aber auch vom ›großen Haufen‹ zurück, wie *man* sich zurückzieht.« Häufig gilt:

25 Dies., Nicht für den Profit. Warum Demokratie Bildung braucht, Überlingen 2012, 50.

26 Vgl. A. Gruen, Terrorismus, 15.

»Jeder ist der Andere und Keiner er selbst.«[27] Solche Verstrickungen deuten auf fehlgeleitete Beziehungen zwischen dem Ich und dem Wir hin, denen aber niemand völlig entkommen kann.

Um eine Identität auszubilden, ist das Ich auf Ander*e angewiesen. Der Blick Ander*er kann uns als Spiegel der Selbsterkenntnis dienen. Dann wirkt dieser Blick korrigierend auf unser Selbstbild ein. Ander*e können uns so vor Selbstbetrug bewahren. Diese Angewiesenheit macht das Ich aber zutiefst verwundbar. Was würde mit uns passieren, wenn Ander*e uns nicht nur nicht achten, sondern uns missachten würden? Missachtung kann unsere Identität zum Einsturz bringen.[28]

Missachtungen gründen in fehlgeleiteten Beziehungen. Es gibt Missachtungen, die auf die Zerstörung der Integrität des Körpers eines anderen Menschen abzielen. Man denke nur an Folter. Folter führt zu »ein[em] dramatische[n] Zusammenbruch des Vertrauens in die Zuverlässigkeit der sozialen Welt« und zerstört »das elementare Selbstvertrauen einer Person«[29].

Neben diesen Formen der Missachtung gibt es Missachtung als soziale Erniedrigung. Eine soziale Erniedrigung bezieht sich negativ auf den sozialen Wert von Einzelnen oder Gruppen. Das können Menschen mit bestimmten Krankheiten sein oder Menschen, die aufgrund ihrer Religion, Kultur oder Hauttöne stigmatisiert werden. Rassismus ist eine Form sozialer Erniedrigung. Der Philosoph Axel Honneth bringt die mit der sozialen Erniedrigung einhergehende Erschütterung auf den Punkt: »Wer die Erfahrung hat machen müssen, eine gewisse Zeit ohne menschlichen Blickkontakt zu leben, hat dabei erfahren, dass man irgendwann nicht einmal mehr den eigenen Gedanken traut.«[30]

Menschen fühlen sich auch, wie Fukuyama hervorhebt, durch ökonomischen Mangel sozial erniedrigt. Es gibt, so schreibt er,

---

27 M. Heidegger, Sein und Zeit, Tübingen [16]1986, 127/128.

28 Vgl. A. Honneth, Kampf um Anerkennung. Zur moralischen Grammatik sozialer Konflikte, Frankfurt 1994, 212/213.

29 Ebd., 215.

30 Erneuerung der Kritik. Axel Honneth im Gespräch, hg. v. M. Basaure/J.P. Reemtsma, Frankfurt/New York 2009, 17.

einen Schmerz der Armut, der als Verlust der Würde empfunden wird. Und er fährt fort: »Wie Smith anmerkt, wird der Arme durch seine Situation ›aus dem Gesichtskreis der Menschen‹ ausgeschlossen, die deshalb kein Mitgefühl mit ihm haben.«[31] Linderung materieller Armut müsse auch mit der Anerkennung als gleichwertiger Mensch einhergehen.[32] Für Fukuyama ist klar, dass Missachtungserfahrung die Quelle des gegenwärtig grassierenden Nationalismus in den USA ist:

> »Eine maßgebliche Antriebskraft des neuen Nationalismus, durch den Donald Trump ins Weiße Haus gelangte (und der in Großbritannien zum Brexit führte), ist das Gefühl, unsichtbar zu sein. Zwei jüngere Untersuchungen konservativer Wähler in Wisconsin und Louisiana durch Katherine Cramer und Arlie Hochschild weisen auf solche Unmutsgefühle hin. Die Wähler, die in Wisconsin für den republikanischen Gouverneur Scott Walker stimmten, waren in überwältigendem Maße ländlicher Herkunft. Sie gaben an, dass die Eliten in der Hauptstadt Madison und in anderen großen Städten außerhalb des Staates kein Verständnis für sie gehabt und ihren Problemen keine Aufmerksamkeit geschenkt hätten. Einer von Cramers Gesprächspartnern sagte, Washington, D.C. sei ›wie ein Staat im Staat. [...] Sie haben keine Ahnung, was in der übrigen Nation vor sich geht, weil sie darin vertieft sind, ihren eigenen Nabel zu beschauen‹. Ein Tea-Party-Wähler im ländlichen Louisiana machte eine ähnliche Bemerkung: ›Viele liberale Kommentatoren schauen auf Leute wie mich herab. Wir dürfen das ›N-Wort‹ nicht sagen, das wollen wir auch gar nicht, es ist erniedrigend. Aber warum nehmen sich liberale Kommentatoren dann die Freiheit, das ›R-Wort‹ [Redneck] zu benutzen?‹«[33]

Der Gegenbegriff zu Missachtung ist Anerkennung. Anerkennungshandeln basiert auf Differenzsensibilität. Menschen werden als Menschen nur dann anerkannt, wenn sie auch als Individuen in

---

31 F. Fukuyama, Identität, Pos. 1351-1358.

32 Vgl. ebd.

33 Ebd., Pos. 1419-1430.

ihrer Andersheit (Kultur, Religion, Gender etc.) und Anderheit (irreduzible Einzigartigkeit) gewürdigt werden. Anerkennung ist immer auch eine aktive Handlung. Als solche enthält sie das Moment der Konstruktion Ander*er. Und hier lauern die Fallstricke der Verkennung und »VerAnderung«.

Der Philosoph Thomas Bedorf hat die Problematik der Verkennung, die in jedem Anerkennungsgeschehen steckt, analysiert.[34] Es geht im Akt der Anerkennung auf den ersten Blick um eine zweistellige Relation: Ein Ich erkennt eine andere Person an, und es erkennt diese andere Person immer als eine bestimmte andere Person an. Wenn ich bspw. eine andere Person, die mir begegnet, als Muslima anerkenne, dann wird diese Anerkennung wesentlich von meinem Verständnis geprägt, was ich unter Islam und Muslimasein verstehe. Dabei gilt es immer zu bedenken, »daß die anzuerkennende Identität nicht mit der Identität des Anerkannten zusammenfällt«[35]. Dadurch tritt eine Verschiebung ein, die zur Folge hat, dass die volle Authentizität einer Identität niemals in dem Akt der Anerkennung erreicht werden kann. Bedorf weitet diesen Befund zu der These aus, »daß *Anerkennung nur als Verkennung möglich* ist«[36].

Wer also von Identität redet, der identifiziert – und das notwendigerweise.[37] Bedorf zeigt auf, dass diese »Ambivalenz zwischen Identifizierung und Identität« eine Spannung in den Akt der Anerkennung einführt, die dazu führt, dass andere Personen immer als etwas Ander*es anerkannt werden: »Diese Spannung rückt dasjenige, *was* anerkannt wird, und dasjenige, *als was* es anerkannt wird, *aus*einander und bindet sie zugleich *an*einander.«[38] Der Konstruktion kann niemand entgehen. Die darin liegende Projektion wird erst dann zum Problem, wenn die Projizierenden kein Bewusstsein mehr davon haben, dass sie immer auch projizieren.

34 Vgl. T. Bedorf, Verkennende Anerkennung. Über Identität und Politik, Berlin 2010.

35 Ebd., 122.

36 Ebd., 144.

37 Ebd., 117.

38 Ebd., 118.

Die im Anerkennungsgeschehen abgebildete Andersheit der anderen Person ist immer nur eine sekundäre: »Das bedeutet, daß jede Anerkennung den Anderen *als* Anderen notwendigerweise verkennt, weil sie ihn ›bloß‹ als diesen oder jenen Anderen in das Anerkennungsmedium integrieren kann.«[39] Das heißt aber keineswegs, dass gar keine Anerkennung stattfindet:

> »[...] die *verkennende Anerkennung* [ist]... weder reine Verkennung, weil man sich zum völlig Verkannten gar nicht verhalten könnte; noch [...] reine Anerkennung, weil sie ohne die Differenz nicht zu anerkennendem Verhalten zu motivieren wäre. [...] Verkennende Anerkennung ist also nicht als Mißlingen eines im Prinzip abschließbaren Anerkennungsprozesses zu verstehen, [...] [sondern steht dafür, J.M.] daß auch die erfolgreiche Anerkennung den Anderen zu einem identifizierten Anderen macht und diese Identität die Andersheit des Anderen notwendigerweise limitiert.«[40]

Es gibt also keine Anerkennung ohne Identifikation. Erst die bewusste Verfehlung wird zu einer Missachtung, die mit der eigenen Machtsteigerung einhergeht. Hier setzt Rassismus ein, denn »Rassismus ist eine Fehlfunktion in der Beziehung zum anderen«[41].

2.2 Antirassismus

Gegen das ethnoplurale identitäre Wir setzt das radikaldemokratische Wir auf eine Pluralität, die jedem Versuch eines stigmatisierenden »Otherings« widersteht. Mit »Othering« – »VerAnderung« – ist die Markierung von Menschen als »Andere« bezeichnet, die ausschließlich auf einer beabsichtigten exkludierenden Konstruktion beruht.[42] »VerAnderung« ist eine Praxis, die zwischen

---

39 Ebd., 145.

40 Ebd., 145f.

41 A. Memmi, Rassismus, Hamburg 1992, 35.

42 Vgl. J. Reuter, Ordnungen des Anderen. Zum Problem des Eigenen in der Soziologie des Fremden, Bielefeld 2002, 20.

dem Eigenen und dem Fremden eine Grenzlinie einzieht, die Überschneidungen verhindern und so eine vermeintliche kulturelle Integrität bewahren soll.[43] »Othering« ist mithin eine Konstruktion Ander*er, die darauf abzielt, jegliches Anerkennungsgeschehen zu verunmöglichen. Die Markierung Ander*er in der verordneten Andersartigkeit ist keine Anerkennung, sondern Stigmatisierung.

Rechtspopulist*innen und Identitäre weigern sich aber nicht nur, die Andersheit anzuerkennen. Durch die stigmatisierende »VerAnderung« verneinen sie auch die Anderheit der Ander*en. Ander*e werden nämlich in die von den Rechtspopulist*innen und Identitären konstruierte Andersartigkeit eingesperrt. Und diese Andersartigkeit, sei sie religiös oder kulturell markiert, avanciert zum alleinigen Identitätsmarker. Demgegenüber steht Differenzsensibilität für eine Anerkennung, die ein Wissen um die unvermeidliche Verkennung enthält, aber nicht in der Konstruktion Ander*er aufgeht. Sie bezeichnet zudem ein Anerkennungshandeln, das die jeweilige religiöse und/oder kulturelle Andersheit Ander*er anerkennt, ohne sie als Personen aus ihren jeweiligen religiösen und/oder kulturellen Horizonten abzuleiten. Die Ander*en gehen nicht in ihrem Christ*insein, Muslima*sein, Jüd*insein, Atheist*insein, Agnostiker*insein etc. auf. Sie sind immer mehr und auch anderes. Sie stehen immer auch quer zu all diesen Festlegungen. Sie besitzen noch eine Anderheit, die nicht in der Andersheit aufgehoben ist. Ihre Würde darf nicht auf Kultur oder Religion reduziert werden.[44] Wer Ander*e derart identifiziert, spricht ihnen die Menschenwürde ab.

Rassismus ist stigmatisierende »VerAnderung«. Wer indes über Rassismus spricht, darf vom eigenen Rassismus nicht schweigen:

> »Zunächst einmal müssen wir [...] den Rassismus [...] nicht nur bei den anderen suchen, sondern auch in uns, in jedem einzelnen und in uns allen. Ihn bei den anderen anzuprangern ist leicht, bequem und überdies widersprüchlich: Es liefe darauf hinaus, vom anderen zu fordern, daß er seine Aggressivität aufgibt, ohne daß wir auf die

43 Vgl. ebd., 72.

44 Vgl. J. Manemann, Politik, 46.

> unsrige verzichten. Die Aufdeckung des Rassismus vor allem in uns selbst, um ihn in unserem eigenen Verhalten zu bekämpfen, ist der beste Weg, um schließlich seinen Rückgang bei den anderen zu erreichen. Es ist eine Vorbereitung und zugleich der Preis, den wir von vornherein entrichten müssen. *Der Antirassismus ist zunächst eine geistige Hygiene.*«[45]

Im Kampf gegen Rassismus gilt es nicht nur, rassistisches Gedankengut offenzulegen und zu widerlegen. Wichtiger ist es, sich mit der Disposition von Rassist*innen zu befassen.[46] Wer also Rassismus verstehen will, der muss sich mit fehlgeleiteten Beziehungen, mit der Furcht vor dem eigenen Menschsein und vor allem mit Macht auseinandersetzen.[47]

Die Fehlfunktionen, die in den Blick genommen werden müssen, sind uns allen vertraut.[48] Denken wir bspw. an Heterophobien, feindliche oder zumindest abwertende Einstellungen zu Menschen, die von Zuständen einer sogenannten Normalität abweichen. Dazu zählen häufig Homosexuelle oder Menschen mit Stigmatisierungen. Diese werden wegen ihres Andersseins abgewertet. Heterophobie bedingt auch Xenophobie. Sie kann sich zur gruppenspezifischen Menschenfeindlichkeit steigern und Rassismus hervorbringen – eine extreme Form der Heterophobie.

Rassismus ist in vielen Formen omnipräsent und das, obwohl es keine »Rassen« gibt: »[...] Rasse ist das Kind des Rassismus, nicht dessen Mutter«[49]. Der biologische Rassismus setzt sich hauptsächlich aus drei Argumentationsreihen zusammen:

> »1. Es gibt *reine* und demnach von anderen verschiedene *Rassen* [...].
> 2. Die reinen Rassen sind den anderen biologisch überlegen [...].

45 A. Memmi, Rassismus, 139.

46 Vgl. Detlev Claussen, Was heißt Rassismus?, Darmstadt 1994, 4.

47 Vgl. A. Memmi, Rassismus, 35.

48 Vgl. ebd.

49 T.-N. Coates, Zwischen mir und der Welt, München 2016, 15.

3. Diese mannigfaltigen Aspekte der Überlegenheit *erklären und legitimieren die Herrschaft und die Privilegien* der höherstehenden Gruppen.«[50]

Der Soziologe Detlev Claussen versteht unter »Rassismus im engeren Sinne [...] eine gesellschaftliche Praxis [...], in Wort und Tat Menschengruppen wegen ihrer Herkunft oder Hautfarbe zu diskriminieren«[51]. Nun bedeutet aber nicht jede Unterscheidung zwischen Menschen notwendigerweise Diskriminierung, geschweige denn Rassismus: *»Der Rassismus beginnt erst mit der Interpretation der Unterschiede«*[52]. Dem Soziologen Albert Memmi zufolge ist man erst dann Rassist*in, wenn man die Setzung des Unterschieds mit dem Ziel verbindet, aus dieser Stigmatisierung einen Vorteil zu ziehen.[53] Das heißt, »dass es weniger auf den Unterschied selbst ankommt als auf die Bedeutung, die ihm verliehen wird [...]«[54]. Rassist*innen konstruieren mit ihrer Interpretation ein Bild Ander*er, von dem aus sie dann ihre Angriffe gegen diese führen. »Fällt die Interpretation günstig aus [...], kommt es nicht zu einer Aggression, aber ob angenehm oder unangenehm, man darf sich jedenfalls nicht darüber hinwegtäuschen, daß der Unterschied nicht neutral ist.«[55]

Memmi warnt: »Der Rassismus ist eine Meinung, aber er ist eine Meinung, die ein Verhalten ankündigt und signalisiert.«[56] Rassismus hat zentral mit Macht zu tun. Er ist nie bloße Ideologie, sondern immer auch »die aktive Demonstration der Herrschaft«[57]. Aus diesem Grund eignet sich »›Rassismus‹ [...] besonders gut zur Rechtfertigung von Gewalt und Aggression; denn er war nie etwas anderes als ein Legitimationsmuster von unmittelbaren Gewalt-

50 A. Memmi, Rassismus, 13.

51 D. Claussen, Rassismus, 1.

52 A. Memmi, Rassismus, 37.

53 Vgl. ebd., 46.

54 Ebd., 48.

55 Ebd., 38.

56 Ebd., 60.

57 Ebd.

verhältnissen.«[58] Rassismus tendiert zur totalen Unterdrückung. Diese zeigt sich dann, wenn selbst Betroffene der Missachtung sich die rassistischen Beschuldigungen einverleiben und »am Ende mehr oder weniger das Bild von sich selbst [übernehmen, J.M.], das man [ihnen, J.M.] vorhält«[59]. Und nicht nur das: Rassismus macht die Welt für die Opfer des Rassismus unbewohnbar. In seinem Buch »Schwarze Haut, weiße Masken« berichtet der Psychiater und Schriftsteller Franz Fanon vom permanenten Scheitern beim Versuch, einen Platz in der Welt zu finden: »Jedesmal war ich der Verlierer.«[60] Es geht hier nicht um ein Minderwertigkeitsgefühl, sondern um das »Gefühl der Nichtexistenz«. Fanon hegt nur den einen Wunsch: »Ich wollte Mensch sein, nur Mensch.« Ein Kriegsversehrter gibt ihm den Rat: »Finde dich mit deiner Hautfarbe ab, so wie ich mich mit meinem Stumpf abfinde, wir sind alle beide Unfallgeschädigte.« Fanons Reaktion: »[…] mit all meinem Sein lehne ich diese Amputation ab.«[61]

Warum ist es auch in aufgeklärten, demokratischen Gesellschaften nicht gelungen, Rassismus zu beseitigen?[62] Weil Rassismus ein integraler Bestandteil der Genese der modernen Demokratie ist. Cornel West hat diese Zusammenhänge aufgewiesen und dargelegt, dass Rassismus die dunkle Seite des Zeitalters der Aufklärung ist, die von der erleuchteten Vernunft nicht wirklich erleuchtet worden ist. Auch die Sprache der Aufklärung hat Rassismus verstärkt: »dunkel« wird mit schlechten, »hell« mit guten Eigenschaften verbunden. Insbesondere die modernen Mythen des Fortschritts und der Befreiung haben die Erkenntnis verdeckt, dass die Versklavung von Afrikaner*innen im Zentrum der großen Epoche von Freiheit, Gleichheit und Brüderlichkeit stattfand. Alle großen Demokratien in der Geschichte der Menschheit haben, so betont West, xenophobe und imperiale Wurzeln. Wer von Demokratie spricht, sollte also nicht vom Rassismus schweigen, denn los-

58 D. Claussen, Rassismus, 15.

59 A. Memmi, Rassismus, 62.

60 F. Fanon, Schwarze Haut, weiße Masken, Frankfurt 1985, 96.

61 Ebd., 102.

62 Dieser Abschnitt stammt aus: J. Manemann u.a., Pragmatismus, 65.

gelöst von der Einsicht »race matters« (C. West) ist die Botschaft »everybody counts« (C. West) nicht zu haben.

Der Rassismus, mit dem wir es heutzutage zu tun haben, ist häufig nicht mehr ein kruder biologischer Rassismus. Zumeist handelt es sich um einen kulturellen Rassismus, der aber vom Körper Ander*er, ihres Hauttons nicht völlig abgelöst ist. Die Philosophin Yoko Arisaka verdeutlicht diese Zusammenhänge anhand eines Gedankenexperiments:

> »Ein gänzlich ›weißer‹ Moslem, etwa ein in Deutschland lebender Norweger und Konvertit, würde höchstwahrscheinlich nicht als Bedrohung wahrgenommen oder auf andere, nicht so radikale Weise zur Zielscheibe von Diskriminierung werden. Ein dunkelhäutiger, gut integrierter Türke jedoch, der nicht einmal religiös sein muss, wird aller Wahrscheinlichkeit nach Rassismus am eigenen Leibe erfahren müssen. Auch würde eine dunkelhäutige, in Deutschland geborene Frau wohl mehr Rassismus erfahren als eine hellhäutige Türkin. Sichtbarkeit ändert die Reaktion auf den Anderen.«[63]

Gegenüber kulturellen und religiösen Abwertungen zeichnet sich Rassismus durch den Rückgriff auf unveränderliche Merkmale aus. Es sind bestimmte Muster des rassistischen Denkens, die sich in den Formen des kulturellen Rassismus wiederfinden: Dehumanisierung, Gruppenzugehörigkeit und eine aversive emotionale Gestimmtheit.[64] Zu den Hauptmerkmalen des kulturellen Rassismus gehört die Abwertung Ander*er und die damit einhergehende Dehumanisierung. Menschen eines anderen sozio-kulturellen Hintergrunds werden als »weniger menschlich« erachtet bzw. als »menschlich auf eine andere Art«, wobei diese Art und Weise in verschiedenen negativen Ausformungen beschrieben wird. Rassismus geht einher mit einer Antipathie gegenüber einer sozio-kulturellen Gruppe und berührt persönliche Einstellungen auf tiefster Ebene (ähnlich wie religiöse Haltungen), was ihn zu einem der privatesten

63 Y. Arisaka, in: Ebd., 76.

64 Dieser Abschnitt stammt aus: Ebd., 77, 80.

und verstecktesten Vorurteile macht. Rassismus ist vor allem eine aversive Gestimmtheit. Dazu Arisaka:

> »In Bezug auf Rassenwahrnehmung gibt es etwas Innerliches und Körperliches (ähnlich wie im Falle der Homophobie), das Menschen zu beinahe physischen Reaktionen bewegt (wie zum Beispiel Ekel und Abscheu). Auf intellektueller Ebene kann man durchaus ›Gleichheit und Respekt gegenüber allen Individuen‹ fordern, während man zugleich nicht in der Lage ist, mit jemandem anderer Herkunft das Bad oder gar das Bett zu teilen. Auf ähnliche Weise kann man an die Gleichheit aller Menschen glauben, während man sich auf eine irrationale Weise immer noch vor Personen anderer Herkunft fürchtet. Auf diese Weise kann Rassismus als verkörperlicht angesehen werden; es geht um Körper in ihrer ethnisch spezifischen Ausgestaltung und die emotionalen, physischen Reaktionen des Selbst auf den Körper des Anderen. Die unmittelbaren emotionalen Reaktionen lassen sich nur mit großer Mühe verändern.«[65]

Rassismus besitzt aversive, gegen Ander*e gerichtete emotionale und physische Dimensionen, die sich der Reichweite von Argumenten, konzeptionellen Analysen, intellektuellem Verständnis und Nachdenken entziehen.[66]

Die Differenzsensibilität, die das radikaldemokratische Wir kennzeichnet, garantiert kein Wir frei von jeglichen rassistischen Vorurteilen. Das wäre eine Unmöglichkeit. Wenn die Gesellschaft rassifiziert ist, besteht die Aufgabe darin, gegen die Rassismen vorzugehen. Wer in einer rassifizierten Gesellschaft aufgewachsen ist und in ihr lebt, vermag Anti-Rassist*in zu werden, aber kein/e Nicht-Rassist*in. Folglich ist Antirassismus eine lebenslange Aufgabe, und längst nicht die einzige. Es gibt weitere basale Fehlbeziehungen: Sexismus, Klassismus und Ageismus. Überdies weist die Pädagogin und Bildungstheoretikerin Katharina Walgenbach auf Mehrfachdiskriminierungen hin. Folglich braucht es eine Sensibilisierung dafür, dass soziale Kategorien wie Gender, Nation oder

65 Ebd., 80.

66 Dieser Abschnitt findet sich in: Ebd.

Klasse nicht isoliert voneinander betrachtet werden können, »sondern in ihren ›Verwobenheiten‹ oder ›Überkreuzungen‹ (intersections) wahrgenommen werden müssen«[67].

3. Das Ich im Wir[68]

Das radikaldemokratische Wir widersteht der Einschränkung von Pluralität durch Formen des identitären Wir, »das heißt, es ist kein Kampf, zu dem nur einige Identitäten gehören können, sondern ganz entschieden ein Kampf, der versucht die Bedeutung dessen, was wir mit ›wir‹ meinen, auszudehnen«[69]. Im radikaldemokratischen Ereignis entdecken Menschen erst, was Demokratie heißt: die Fähigkeit, sich regieren zu lassen, mit Ander*en zu regieren, und die Fähigkeit, sich selbst zu regieren. Als Kern des radikaldemokratischen »Wir« bedarf das Ich deshalb des Vermögens zur Selbstpolitik. Wenn Politik in Pluralität gründet, dann gründet auch Selbstpolitik in Pluralität: Das Selbst gibt es nur als plurale Identität. Plurale Identität bezeichnet das Bewusstsein, dass bereits im eigenen Ich verschiedene, auch gegenstrebige Identitäten miteinander verwoben sind. In seinem Buch »Die Identitätsfalle« schreibt Amartya Sen:

> »Was mich betrifft, so kann man mich zur gleichen Zeit bezeichnen als Asiaten, Bürger Indiens, Bengalen mit bangladeshischen Vorfahren, Einwohner der Vereinigten Staaten oder Englands, Ökonomen, Dilettanten auf philosophischem Gebiet, Autor, Sanskritisten, entschiedenen Anhänger des Laizismus und der Demokratie, Mann, Feministen, Heterosexuellen, Verfechter der Rechte von Schwulen

67 K. Walgenbach, Intersektionalität als Analyseperspektive heterogener Stadträume, in: E. Scambor/F. Zimmer (Hg.), Die intersektionelle Stadt. Geschlechterforschung und Medien an den Achsen der Ungleichheit, Bielefeld 2012, 81.

68 Diese Überschrift verdanke ich dem Titel des Buches von A. Honneth »Das Ich im Wir. Studien zur Anerkennungstheorie, Berlin 2010«. Ich habe die Überschrift nicht in Anführungszeichen gesetzt, da das Kapitel inhaltlich anders ausgerichtet ist.

69 J. Butler, Versammlung, Pos. 1062.

und Lesben, Menschen mit einem areligiösen Lebensstil und hinduistischer Vorgeschichte, Nicht-Bramahnen und Ungläubigen, was das Leben nach dem Tode (und, falls es jemanden interessiert, auch ein ›Leben vor der Geburt‹) angeht. Dies ist nur eine kleine Auswahl der unterschiedlichen Kategorien, denen ich gleichzeitig angehören kann – daneben gibt es natürlich noch eine Vielzahl von Zugehörigkeitskategorien, die mich je nach den Umständen bewegen und fesseln können.«[70]

Plurale Identität umfasst aber noch mehr: Sie bedeutet auch eine Eingrenzung der eigenen Identität, die sich nämlich nicht zu einer vollen Identität auszubilden vermag. Charim hat diesen Aspekt herausgearbeitet:

> »Pluralisierung bedeutet [...]: Vielfalt, die sich in jeden von uns einschreibt. Und übersetzt für den Einzelnen bedeutet Pluralisierung: weniger Identität! Wir sind heute weniger Ich, weil wir eingeschränkt, weil wir nicht selbstverständlich, weil wir in Frage gestellt sind. Wir sind nicht-volle Ichs, unsere eigenste, unsere persönliche Identität ist heute immer auf andere Identitäten bezogen, auf Identitäten, die ganz anders sind. Wir müssen heute notwendigerweise die Außenperspektive auf uns in unsere Innenperspektive, in die Innerperspektive darauf, wer wir sind, einbeziehen. Wir sind weniger selbstverständlich Ich. Wir leben im identitären Prekariat. Und wie jedes Prekariat verlangt uns das mehr Arbeit ab als gesicherte, fixe Verhältnisse. Es bedeutet also mehr Aufwand, weniger Ich zu sein.«[71]

Eine plurale Identität zu verwirklichen heißt auch, sie im Verhältnis zu anderen Ich-Identitäten zu entwickeln. Das radikaldemokratische Wir ist ein Wir, das »der Welt mit Offenheit und eigenem Zutrauen [begegnet, J.M.] [...] und dafür auch die nötige Verletzlichkeit

70 A. Sen, Die Identitätsfalle. Warum es keinen Krieg der Kulturen gibt, München ^{3}2007, 33/34.

71 I. Charim, Pluralismus, Pos. 565-571.

in Kauf [...] [nimmt, J.M.]«[72]. Als resonantes Wir ist es in permanenter Veränderung. Es assimiliert fremde Ander*e nicht, sondern tritt zu ihnen in eine Beziehung, durch die es Ander*e sich anverwandelt.[73] Ander*e werden Teil dieses Wir, indem dieses Wir sich im Blick auf die tiefen Anliegen fremder Ander*er verwandelt. Das Wir ist danach ein anderes Wir.[74] Anverwandlung durchbricht Entfremdung. Dadurch kann sich eine Disposition einstellen, mit der Welt in ein Verhältnis zu treten, das nicht auf Aneignung im Sinne der Beherrschung ausgerichtet ist.[75] Dazu muss das Ich sich auch von Ander*en abgrenzen. Abgrenzung bezeichnet hier aber nicht eine Grenze als Grenzlinie zwischen mir und Ander*en. Die Grenze des eigenen Körpers ist die Haut. Die Haut ist keine Grenzlinie, sondern eine Grenzfläche. Eine Grenzlinie trennt, während eine Grenzfläche für eine »relationale Differenz«[76] steht, die wesentlich für alles Leben ist. Grenzfläche steht nicht für Abschottung wie die Grenzlinie, sondern für Austausch, und ohne Austausch ist Leben nicht möglich. Das Prinzip der Grenzfläche ist aller Lebendigkeit immanent.[77] Aller Austausch an den Grenzflächen hat ein Ziel: Aktivität zu ermöglichen.[78] Von der Grenzfläche aus denken heißt also immer auch, in einer subjektiven Disposition zu sein, in der man neue Möglichkeiten erahnt, erkennt, zumindest für möglich hält. Die Grenzfläche verbindet mich mit Ander*en, sodass ich erkenne, dass ein »menschliches Problem [...] niemals nur das Problem des Anderen [ist, J.M], sondern immer auch meines«[79]. Die Grenzfläche ist das Scharnier zwischen Selbstpolitik und Politik. Sie ist

---

72 H. Rosa/W. Endres, Resonanzpädagogik: Wenn es im Klassenzimmer knistert, Beltz E-Book, 124.

73 Vgl. ebd., 16.

74 Vgl. ebd., 17.

75 Vgl. ders., Resonanz: Eine Soziologie der Weltbeziehung, Suhrkamp E-Book, 325.

76 I. Lorey, Die Regierung des Prekären, Wien/Berlin ^{2}2015, 34.

77 Vgl. E.-J. Speckmann, Grenzflächen. Prinzip der Lebendigkeit im Lebenden, Münster 2013.

78 Ebd., 55.

79 P. von Morstein, Denken wendet Lebensnot. Philosophieren im Angesicht von Parkinson, Berlin 2016, 7.

der Ort, von dem aus Widerstand gegen jegliche Entfremdung beginnt, da sich hier »Selbstentfremdung und Weltentfremdung entsprechen«[80]. Hier scheint die politische Dimension jeder bedrohten Existenzmitteilung auf.

Selbstpolitik steht für eine Selbstregierung, die Selbstmobilisierung ermöglicht und dabei jegliche »Vereinnahmung dieses Engagements«[81] ablehnt, aber dennoch zur Vollpartizipation für Anliegen Ander*er bereit ist.[82]

Das radikaldemokratische Wir befähigt zur Selbstpolitik, zum Umgang mit Pluralität im Selbstbezug. Es ist dieses Wir, das dem Individuum die Mittel an die Hand gibt, sich selbst als politisches Subjekt zu konstituieren.[83] Das radikaldemokratische Wir avanciert so zur Voraussetzung einer Selbstpolitik, die es dem Selbst erst ermöglicht, es selbst zu sein. Die Veränderungen der politischen Rahmenbedingungen helfen nämlich dem Selbst, sich neu und anders wahrzunehmen und sich dadurch aus den Zwängen von hergebrachten institutionellen, kulturellen und religiösen Selbstdeformationen zu befreien: »Es kommt nicht darauf an, was man aus uns gemacht hat, sondern darauf, was wir aus dem machen, was man aus uns gemacht hat.«[84] Durch dieses Wir kann ich den Urteilen der Gesellschaft, die diese über mich ausspricht, und dem Platz, auf den sie mich mit diesen Urteilen verweisen will, etwas entgegensetzen.[85]

---

80 T. Polednitschek, in: P. v. Morstein, Lebensnot, 12/13.

81 I. Charim, Pluralismus, Pos. 1658-1659.

82 Vgl. ebd., Pos. 1428-1435.

83 Vgl. D. Eribon, Rückkehr nach Reims, Berlin [18]2018, 232.

84 J.P. Sartre, zit.n.: Ebd., 219.

85 Vgl. ebd. Der Soziologe Didier Eribon hat diese Zusammenhänge in seinen autobiographischen Reflexionen »Rückkehr nach Reims« in narrativer Weise anschaulich dargestellt.

4. Das solidarische Wir

Die verschiedenen Formen des demokratischen Wir – das Bekenner*innen-Wir, das patriotische Wir und das radikaldemokratische Wir – sind Gegenkräfte gegen das identitäre Wir. Alle drei setzen gegen den Hass der Rechtspopulist*innen und Identitären den laut Carolin Emcke wohl »wichtigste[n] Gestus«: »sich nicht vereinzeln zu lassen. Sich nicht in die Stille, ins Private, ins Geschützte des eigenen Refugiums oder Milieus drängen zu lassen.« Und sie fährt fort: »Vielleicht ist die wichtigste Bewegung die aus sich heraus. Auf die anderen zu. Um mit ihnen gemeinsam wieder die sozialen und öffentlichen Räume zu öffnen.«[86] Ein demokratisches Wir ist ein solidarisches Wir.

Wenn wir von Solidarität sprechen, dann beziehen wir uns zumeist in einer normativen oder appellativen Weise auf die Vorstellung von Solidarität als Gemeinschaftssolidarität.[87] Diese Solidarität gilt gegenüber Angehörigen einer Gruppe, einer Gemeinschaft oder einer Gesellschaft. Sie wird intern als etwas Selbstverständliches verstanden. Alle Mitglieder fühlen sich qua Mitgliedschaft zur Solidarität untereinander verpflichtet. Diese Solidarität zeichnet vor allem das Bekenner*innen-Wir aus. Neben diesem Verständnis von Solidarität findet der Begriff Verwendung als Kampfbegriff. Solidarität steht hier für eine identitätssichernde Abgrenzung. Nach innen bezieht sie sich positiv auf die Interessen einer Gruppe; nach außen richtet sie sich negativ gegen einen Feind, den es zu bekämpfen gilt.[88] Diese Solidarität ist vor allem charakteristisch für das identitäre Wir, das sich über Repulsions- und Indifferenzmodi ausbreitet. Rechtspopulist*innen und Identitäre zielen darauf ab, Solidarität durch das Gefühl zu evozieren, »die Welt, andere Menschen [...] begegne[te]n uns feindlich, und wir selbst müss[t]en kämpfen. Repulsion bezeichnet ein Weltverhältnis, das auf wechselseitiger Zurückweisung, auf Widerstand und auf Feindschaft

86 C. Emcke, Hass, 125-132.

87 Vgl. K. Bayertz/S. Boshammer, Solidarität, https://www.uni-muenster.de/imperia/md/content/angewandteethik/_v/intranet/hpps_solidaritaet.pdf

88 Vgl. ebd.

beruht«[89]. Das Feld des Politischen wird dadurch zur Kampfzone.[90] Gleichzeitig dehnt sich ein Indifferenzmodus aus, eine Gleichgültigkeit gegenüber den Anliegen Ander*er, insbesondere fremder Ander*er.[91] Das identitäre Wir steht für »stumme Weltverhältnisse«[92]. Der Raum, in dem es sich bewegt, ist resonant stumm, eine Echokammer.[93] Zwar wird auch von Identitären eine Solidarität nach innen eingefordert, diese ist allerdings fragil. Das Identitäre Wir kennt ja nicht nur die Feindschaft nach außen, sondern auch die nach innen. In dieser Sichtweise mutiert jede*r zum potenziellen Feind. Wird die Feindschaft nach außen brüchig, droht die innere aufzubrechen. Das identitäre Wir läuft dann Gefahr, sich selbst zu kannibalisieren.

Beide Formen der Solidarität sind Zwangssolidaritäten, da sie ihren Angehörigen aufgrund wechselseitiger Abhängigkeiten Solidarität abverlangen. Beide Formen von Solidarität bilden jeweils ein »Wir« aus, das vornehmlich die wechselseitige Verbundenheit meint und darüber nicht hinausgeht. Diesem »Wir« liegt ein ausgeprägtes Eigeninteressemotiv zugrunde.

Das patriotische Wir transzendiert diese beiden Formen der Solidarität. Solidarität wird dabei allerdings konzentrisch gedacht. Solidarischsein beginnt hier mit den Nächsten (Familie, Verwandte, Freunde, Nachbarn, Gesellschaft) und weitet sich von dort aus auf Fernstehende aus. Nussbaum unterstellt, dass das Verantwortungsempfinden mit der Ausdehnung abnimmt. Das patriotische Wir kennt deshalb nur eine schwache weltweite Solidarität. Der Sozialethiker Rottländer durchkreuzt dieses Verständnis von Solidarität mit dem Hinweis auf die biblische Erzählung vom barmherzigen Samariter:

> »Der Gesetzeslehrer wollte sich rechtfertigen und sagte zu Jesus: Und wer ist mein Nächster? Darauf antwortete ihm Jesus: Ein Mann

89 H. Rosa/W. Endres, Resonanzpädagogik, 125.

90 Vgl. ebd., 37.

91 Vgl. ebd., 125.

92 Ebd., 44.

93 Vgl. H. Rosa, Resonanz, 363.

> ging von Jerusalem nach Jericho hinab und wurde von Räubern überfallen. Sie plünderten ihn aus und schlugen ihn nieder; dann gingen sie weg und ließen ihn halbtot liegen. Zufällig kam ein Priester denselben Weg herab; er sah ihn und ging vorüber. Ebenso kam auch ein Levit zu der Stelle; er sah ihn und ging vorüber. Ein Samariter aber, der auf der Reise war, kam zu ihm; er sah ihn und hatte Mitleid, ging zu ihm hin, goss Öl und Wein auf seine Wunden und verband sie. Dann hob er ihn auf sein eigenes Reittier, brachte ihn zu einer Herberge und sorgte für ihn. Und am nächsten Tag holte er zwei Denare hervor, gab sie dem Wirt und sagte: Sorge für ihn, und wenn du mehr für ihn brauchst, werde ich es dir bezahlen, wenn ich wiederkomme. Wer von diesen dreien meinst du, ist dem der Nächste geworden, der von den Räubern überfallen wurde? Der Gesetzeslehrer antwortete: Der barmherzig an ihm gehandelt hat. Da sagte Jesus zu ihm: Dann geh und handle du genauso!« (Lk 10,29-37, Einheitsübersetzung)

Rottländer fasst die Erkenntnis dieser Erzählung zusammen: »Nächster *ist* man nicht, sondern Nächster *wird* man.«[94] Aber die Erzählung hält noch eine weitere Lehre bereit: »Der Fremde, der als moralisch unzuverlässig eingeschätzte Samariter, derjenige also, der sich am wenigsten als für den Überfallenen zuständig fühlen konnte, erkannte die Bedürftigkeit und den aus dieser Situation an ihn ergehenden Appell: Er wurde dem Überfallenen zum Nächsten.«[95] Diese Erzählung steht für die Erfahrung ein, dass man Ander*en zum Nächsten wird, weil Ander*e Menschen sind und qua Menschsein der Solidarität bedürfen.[96] Hingegen versteht das patriotische Wir Nähe als eine Frage der Geographie. Für das radikaldemokratische Wir ist Nähe aber eine Frage der Beziehung.[97]

Das radikaldemokratische Wir steht für eine Solidarität, die verschiedene Gruppen oder Klassen miteinander verbindet. Es geht

---

94 P. Rottländer, Solidarität, 131.

95 Ebd.

96 Vgl. ebd.

97 Vgl. ebd., 132.

hier um eine Solidarität, die Ausdruck einer Verbundenheit trotz der Ungleichheit und wegen Differenz ist.[98] Diese Solidarität wird nur möglich, wenn Interessen tangiert sind, die als gleich empfunden werden. Dadurch kann Solidarität sich weiten und »auf persönliche Sympathievorstellungen beruhende Sorgepflichten gegenüber Freund*innen und Bekannten wie Solidaritätspflichten gegenüber unpersönlichen Empfänger*innen, also unbekannten Individuen, Gruppen oder Kollektiven« miteinschließen.[99] Diese Solidarität öffnet Zugehörigkeiten und kann zum Ausdruck einer universellen Verantwortlichkeit avancieren.[100] Eine derartige Solidarität entsteht nicht aus dem Nichts. Ihr muss ein Verantwortungsempfinden vorausgehen, eine besondere Sensibilität für die Belange Ander*er.[101] Damit ist eine sinnliche Dimension gemeint, die häufig im Diskurs über Solidarität unterschlagen wird und die alle Menschen mit einbezieht.[102] Ohne diese »empfindsame Empfänglichkeit« (B. Liebsch) gibt es keine Solidarität. Aus der Perspektive des radikaldemokratischen Ich heißt solidarisch sein fühlen, was ungerecht ist.

Diese weltweite Solidarität steht quer zur Solidarität des identitären Wir. Sie gründet nicht in Feindschaften. Im Gegenteil. Und so schließt das radikaldemokratische Wir auch diejenigen mit ein, gegen die es revoltiert. Man denke nur an Martin Luther King: Er sprach von seinem Traum, indem er alle mit einbezog. In dieser Rede

> »verwendet [er, J.M.] ein sehr weltliches und sehr amerikanisches Bild für dieses Versagen: Das Land hat den Schwarzen einen schlechten Scheck ausgestellt, der mit dem Vermerk ›ungedeckt‹

---

98 Vgl. C. Koch-Arzberger/K.O. Hondrich, in: M. Boddenberg, Krise der Solidarität – Solidarität der Krise. Ein soziologischer Blick auf eine gesellschaftliche Kategorie im Wandel der Zeit, in: Soziologiemagazin, 1/2014, 20-38, 23.

99 M. Boddenberg, Solidarität, 24.

100 Vgl. P. Rottländer, Solidarität, 117-142.

101 Vgl. B. Liebsch, Einander ausgesetzt – Der Andere und das Soziale. Band II: Elemente einer Topographie des Zusammenlebens, Freiburg/München 2018, 587-623.

102 Vgl. P. Rottländer, Solidarität, 121.

> zurückgekommen ist. Dieser eindringliche Appell an Rechtschaffenheit in finanziellen Dingen stellt auch eine Anspielung auf Amerika dar, da die Amerikaner sich diese Tugend gerne zuschreiben. Auf diese Weise können weiße Zuhörer mit einbezogen werden, denn es ist zu erwarten, daß auch ihnen an diesem Wert liegt. Auch sie sind ein Teil Amerikas. So erzeugt King ein geeintes ›Wir‹, während er bei den verschiedenen Gruppen seiner Zuhörerschaft unterschiedliche Reaktionen auslöst.«[103]

Dies ist ein gutes Beispiel dafür, dass die Solidarität des radikaldemokratischen Wir nicht auf einer neuen Moral beruht, sondern aus Erinnerungen hervorgeht, in denen die moralischen Grundsätze, die eigentlich alle teilen, in neuer Weise zu Bewusstsein gebracht werden.

5. Das Ereignis-Wir

5.1 Das Wir als Stimme

Das Volk, das kollektive Wir, wird in vielen Demokratietheorien zu Recht gefürchtet. Was für die einen Traum ist, das ist für die anderen Trauma. Dennoch gibt es keine Volkssouveränität ohne die unkontrollierbare Erhebung eines kollektiven Wir.[104] Aber nicht jedes Wir, das im öffentlichen Raum erscheint und für sich reklamiert »Wir sind das Volk«, repräsentiert automatisch »das Volk«.[105] Das Wir, das da ruft, kann nur dann diesen Anspruch erheben, wenn es so etwas wie »eine nicht-substanzialistisch gedachte, demokratische Identität«[106] ausdrückt, ein »Wir«, »das unabgeschlossen, entwicklungsoffen und *unter*bestimmt ist, ohne deshalb nur fiktiv, beliebig und *un*bestimmt zu sein«[107]. Dieses Wir mag zwar durch-

103 M. Nussbaum, Emotionen, 360.

104 Vgl. J. Butler, Versammlung, Pos. 56.

105 Vgl. ebd., Pos. 83.

106 F. Heidenreich, Identität?, 18.

107 Ebd., 18/19.

aus exklusiv in seinem konkreten, zeitlich gebundenen Sprechakt auftreten. Indem es ruft »Wir sind das Volk«, hebt es sich schließlich von Ander*en ab. Aber dieser Sprechakt darf nicht auf Gewalt beruhen. Er darf niemals entrechtend wirken.[108] Das Bekenner*innen-Wir und auch das patriotische Wir verstehen sich nicht als naturgegeben, sondern vorwiegend als durch konventionelle rechtliche, soziale und kulturelle Codes konstituiert, die gestärkt werden sollen.[109] Auch wenn das radikaldemokratische Wir ebenso durch derartige Codes mitbestimmt wird, so ist es nicht in erster Linie durch Akte der Affirmation verfasst, sondern durch Akte der Negation. Es beginnt mit dem Anspruch: »Wir wollen so nicht regiert werden!«[110] Diese Forderung ist zunächst abstrakt, weil sie keinen Inhalt hat. Und es kann auch sein, dass diejenigen, die diesen Anspruch erheben, in dem Moment selber noch nicht wissen, was sie denn genau wollen.[111]

Dieser Akt der Negation ist zu allererst Ausdruck einer Emotion: Empörung. Der Akt der Empörung ist Stimme als Ausdrucksgeschehen und passt nicht in die Regelwerke der Politik. Er durchbricht und unterbricht sie.[112] Es ist kein Zufall, dass der Widerstandskämpfer und Diplomat Stéphane Hessel sein Plädoyer mit dem Imperativ »Empört Euch!« überschrieben hat. Wenn er dort formuliert »Neues schaffen heißt Widerstand leisten. Widerstand leisten heißt Neues schaffen«[113], so ist dies kein Aufruf zur zerstörerischen Gewalt, sondern vielmehr ein Weckruf, aus politischem Fatalismus und politischer Apathie aufzuwachen und Politik als Kunst des Unmöglichen neu zu entdecken. Realpolitiker*innen definieren Politik gerne als Kunst des Möglichen. Wenn Politik aber nur als Kunst des Möglichen im Sinne sogenannter Realpolitik verstanden wird, wird sie sich in der Aufrechterhaltung des Status quo erschöpfen und Möglichkeiten ungenutzt lassen. Um herauszufin-

108 Vgl. ebd., 20.

109 Vgl. ebd., 25.

110 Michel Foucault zit.n.: Ebd., 26.

111 Vgl. ebd.

112 Vgl. ebd., 27.

113 S. Hessel, Empört Euch!, Berlin [5]2011, 21.

den, welche Möglichkeiten in der Realität enthalten sind, muss das, was wir für die vermeintliche Realität halten, ein Stück weit überschritten werden. Dazu bedarf es des Gedankens des Unmöglichen. Denn nur durch die Überschreitung der Grenze zum Unmöglichen hin wird das Mögliche offenbar. Hegel zufolge muss man, um eine Grenze zu ziehen, diese bereits überschritten haben. Das Unmögliche ist deshalb nicht das Gegenteil des Möglichen, sondern seine Bedingung. Da die sogenannte Realpolitik diese Zusammenhänge nicht erkennen will, zerstört sie mit ihrem vermeintlichen Realitätssinn Möglichkeitssinn. Ohne eine Politik als Kunst des Unmöglichen gibt es keine Politik als Kunst des Möglichen.

Wenn hier von Empörung gesprochen wird, so handelt sich um eine Form des Zorns als »Zorn[s] des Übergangs« (M. Nussbaum). Dieser ist dadurch charakterisiert, dass er einen realen Grund hat, ohne Rachsucht und auf die Zukunft ausgerichtet ist. Des Weiteren enthält der Akt der Empörung mehr als Empörung. Sich zu empören heißt, aufzuwachen, die Augen zu öffnen und Leid zu erkennen. In diesem Akt fallen Empörung, Widerstand und Würde zusammen. Das kommt im Französischen deutlich zum Ausdruck: »Indignez-Vous!« Darin schwingt das Wort »Würde« bereits mit. Das heißt: Wer widerständig ist, wird sich seiner Würde bewusst. Empörung ist daher bei Hessel gerade kein Aufruf zum »Wutbürger*innentum«, sondern zur Verteidigung der eigenen Würde.

Für das demokratische Wir im Allgemeinen spielt die Stimme des Einzelnen eine wichtige Rolle. Oft wird sie verstanden als im Wahlakt abgegebene Stimme. Im Verb »abgeben« scheint aber bereits die in diesem Akt enthaltende Ambiguität auf: Wenn ich meine Stimme abgebe, so ist dieser Akt Ausdruck der Volkssouveränität, aber gleichzeitig enthält er die Gefahr, dass durch diesen Akt die Souveränität auf Zeit verschwindet, indem sie an die Repräsentant*innen abgetreten wird. Von Stimme sprechen wir auch, wenn wir uns in demokratischen Diskursen mit »entkörperlichten«, entästhetisierten und entemotionalisierten Argumenten äußern.[114] Und schließlich sprechen wir von der »Stimme des Volkes«, wenn sich ein Wir im öffentlichen Raum zu Wort meldet. Die Erhebung

114 Vgl. H. Rosa, Resonanz, 366/367.

der Stimme auf einem öffentlichen Platz kann ein Akt der Wortergreifung sein, durch den sich diejenigen, die das Gefühl haben, ihre Stimme würde nicht (mehr) zählen, unüberhörbar zu Wort melden. Wenn dieses Wir »Wir« ruft, dann handelt es sich dabei um einen Ausruf, der losgelöst von seinem kontextuellen Momentum nicht verstanden werden kann. Diejenigen, die »Wir« rufen, wissen nicht, wie weit dieses Wir geht, wen es alles umfasst.[115] Dieses emphatische »Wir«-Sagen ist nur dann demokratisch, wenn es immer wieder kritisch mit der Frage einhergeht, »was dies für diejenigen bedeutet, die damit nicht gemeint sind«[116]. Ohne die Stimme, die sich in einem solchen Sprechakt äußert, gibt es kein radikaldemokratisches Wir. Aber dieses »Wir« ist mehr als ein »vokatives Wir«[117].

5.2 Das Wir als Allianz von Körpern

Die Philosophin Judith Butler hat darauf aufmerksam gemacht, dass eine »Versammlung bereits spricht, bevor sie ein Wort geäußert hat«[118]. Bevor nämlich das radikaldemokratische Wir seine Stimme erhebt, ist es zunächst eine Versammlung von Körpern. Als solche hat es schon vor dem Sprechakt eine Bedeutung. Häufig wird diese Versammlung auch nicht durch eine Stimme ausgelöst, die zur Zusammenkunft ruft, sondern durch einen Körper ins Leben gerufen:

> »Am 17. Dezember 2010 beschlagnahmte die Polizei die Waren vom Gemüsekarren eines tunesischen Straßenhändlers namens Mohamed Bouazizi, angeblich weil er keine Verkaufsgenehmigung besaß. Nach Aussage seiner Angehörigen wurde er öffentlich von der Polizistin Faida Hamdi geohrfeigt, die außerdem seine elektronische Waage konfiszierte und ihm ins Gesicht spuckte. [...] Bouazizi ging zum Büro des Gouverneurs, um sich zu beschweren und um

115 Vgl. F. Heidenreich, Identität?, 29.

116 Ebd., 31.

117 Ebd., 19.

118 J. Butler, Versammlung, Pos. 2453.

> seine Waage zurückzufordern, doch der Gouverneur weigerte sich, ihn zu empfangen. Daraufhin übergoss sich Bouazizi mit Benzin, setzte sich selbst in Brand und rief: ›Wovon soll ich denn leben?‹ Die Nachricht über den Vorfall verbreitete sich in Windeseile überall in der arabischen Welt und leitete den sogenannten Arabischen Frühling ein.«[119]

Ein weiteres Beispiel: Am 20. August 2018 setzt sich die 15-jährige Greta Thunberg vor den Schwedischen Reichstag und beginnt einen Klimastreik. Sie tritt mit ihrem verwundbaren Körper in den öffentlichen Raum und setzt sich für die gefährdete Erde und die gefährdeten zukünftigen Generationen den Blicken Ander*er aus. Sie repräsentiert mit ihrem Körper nicht nur ihr eigenes Leiden an der Erhitzungskatastrophe, sondern ebenso die Leiden Ander*er, auch nicht-menschlicher Lebewesen. Dieser verwundbare Körper wurde zum Auslöser einer Allianz von Körpern in den »Fridays for Future«-Demonstrationen. Es sind solche Körperversammlungen, die den Zorn und Hass der Vertreter*innen des identitären maskulinistischen Wir auf sich ziehen. So verglich der AfD-Politiker Gauland die von der »Schulschwänzerin« Greta Thunberg ausgelöste Klimaschutzbewegung mit mittelalterlichen »Kinderkreuzzügen«.[120]

Die Körper, wie sie hier öffentlich in Erscheinung treten, konfrontieren uns mit dem Gefährdetsein des Lebens: mit Tod, Krankheit, Verwundbarkeit, Unfällen, Unsicherheiten, Gewalt.[121] Damit kommt das identitäre maskulinistische Wir nicht klar. Es muss den Herausforderungen des Lebens ausweichen. Aber es gibt kein Leben jenseits dieses Gefährdetseins. Butler hat diese Erkenntnis zum Grundprinzip des Lebens erhoben: Leben ist immer gefährde-

---

119 F. Fukuyama, Identität, Pos. 719-725.

120 A. Ross, Gaulands Abflussbecken, in: https://www.faz.net/aktuell/politik/afd-und-europawahlkampf-gaulands-abflussbecken-16129238.html (Stand: 01.05.2019). Ferner: B. Schmidt-Mattern, Die Klimapolitik der AfD. Persönliche Angriffe und Falschaussagen, Deutschlandfunk 29.03.2019, in: https://www.deutschlandfunk.de/die-klimapolitik-der-afd-persoenliche-angriffe-und.1773.de.html?dram:article_id=444916 (Stand: 08.05.2019).

121 Vgl. I. Lorey, Regierung, 24.

tes Leben.[122] »Körper leben, und Körper hören auf zu leben. Als physisch beständige Organismen sind sie Übergriffen und Krankheiten ausgesetzt, die ihren Fortbestand als solchen gefährden. Dies sind unabdingbare Merkmale von Körpern; Körper können nicht anders als endlich gedacht werden, sie sind abhängig von dem, was ›außerhalb‹ ihrer liegt.«[123] Durch diese Grunderfahrung sind wir, wenn auch auf unterschiedliche Art und Weise, miteinander ins Leben verstrickt. Angesichts des Gefährdetseins versuchen wir, unser Leben und das Ander*er zu schützen. Und so sind wir auf Ordnungen und Güter angewiesen, die unserem Körper Bestand verleihen und ihn verteidigen. Nun zeigt allerdings ein Blick auf die Gesellschaft, dass manche Körper besser geschützt sind als andere.[124] Diese ungleiche Verteilung hat mit bestimmten Politiken und Ordnungsrastern zu tun. Die ungleich empfundene Gefährdetheit des Lebens ist also keine existenzielle, sondern eine politisch erzeugte.[125] Die Ungleichheit der Gefährdetheit wird offenbar, wenn die Körper in der Öffentlichkeit in Erscheinung treten:

> »Es ist dieser beziehungsweise es sind diese Körper, die nach einer Beschäftigung, einer Unterkunft, medizinischer Versorgung, etwas zu essen und einer Zukunft verlangen, die nicht nur aus unbezahlbaren Schulden besteht; es ist dieser beziehungsweise es sind diese Körper oder Körper wie dieser oder diese, die unter den Bedingungen einer zunehmenden Prekarisierung und immer schwächer werdenden Infrastruktur leben und deren Existenzgrundlage gefährdet ist.«[126]

Diese Ungleichheit wiederum gründet nicht zuletzt in der Erkenntnis der Gefährdetheit: »Eben weil jeder Körper sich [...] potenziell

122 Vgl. J. Butler, Raster des Krieges. Warum wir nicht jedes Leid beklagen, Frankfurt/New York 2010, 9.

123 Ebd., 35.

124 Vgl. I. Lorey, Regierung, 26.

125 Hier rekurriere ich auf die Ausführungen zum Prekärsein, Prekariat und Prekarisierung bei: I. Lorey, Gouvernementale Prekarisierung, in: http://eipcp.net/transversal/0811/lorey/de/#_ftnref8 (Stand: 18.05.2019).

126 J. Butler, Versammlung, Pos. 187.

von anderen bedroht sieht, die per definitionem ihrerseits gefährdet sind, entstehen verschiedene Formen der Herrschaft.«[127]

Den politisch erzeugten und kalkulierten Gefährdungen ist das Selbst aber nicht bloß passiv unterlegen. Die Regierung verlangt von mir, mich dort, wo ich nicht ausreichend geschützt bin, selbst zu schützen. Um Schutz in Anspruch zu nehmen, muss ich mich bestimmten Rahmenbedingungen unterwerfen, gleichzeitig werde ich jedoch auch aufgefordert, zu meinem Schutz selbst aktiv zu werden. Nicht geschützte Räume, in denen mein Körper Gefährdungen ausgesetzt ist, können jedoch auch zu Freiräumen werden, in denen mein Körper sich freisetzt. Die Gefährdungen, denen ich ausgesetzt bin, gehen also stets mit einer Ambivalenz einher: Einerseits werde ich in vorgegebene Raster eingezwängt, andererseits falle ich immer auch ein Stück weit aus dem Schutz heraus. Dieses Herausfallen kann zu einem Kontrollverlust führen oder aber zur Selbstermächtigung.[128] Und genau darin steckt auch die Potenzialität des Neuen.[129]

Immer mehr Menschen können jedoch angesichts der Tiefe der Verletzung, die sie durch produzierte Gefährdungen erfahren, nicht mehr unterscheiden zwischen einer »*abstrakten Angst* vor dem existenziellen« Gefährdetsein »(davor, dass ein Körper, weil er sterblich ist, nicht unverletzbar gemacht werden kann) und einer *konkreten Furcht* in der politisch und ökonomisch induzierten« Gefährdung »(vor Arbeitslosigkeit oder davor, auch mit Arbeit weder Miete noch Krankenversicherung zahlen zu können) [...]«[130]. Diese Situation gebiert den Wahn, das Gefährdetsein abschaffen zu wollen – eine Unmöglichkeit. Da nun aber gerade diejenigen, deren Zustand gefährdeter ist als der eigene, an die Unmöglichkeit eines solchen Unterfangens erinnern, entzündet sich immer wieder leicht an ihnen die Wut. Auf dieser Wut basiert das identitäre Wir.

---

127 Dies., Raster, 36.

128 Vgl. I. Lorey, Regierung, 53.

129 Vgl. ebd., 53, 133.

130 I. Lorey, Gouvernementale Prekarisierung, in: http://eipcp.net/transversal/0811/lorey/de/#_ftnref8 (Stand: 10.05.2019).

Anders das radikaldemokratische Wir: Es ist eine Versammlung von gefährdeten Körpern. Nun ist es allerdings keineswegs so, dass aus der Erfahrung geteilten Gefährdetseins notwendigerweise eine leidempfindliche Allianz entsteht. Das Gefährdetsein ist nämlich nicht zu trennen von den erzeugten ungleichen Gefährdetheiten. Und so kann genau das Gegenteil eintreten, dass nämlich just dieser Zustand »nicht zu wechselseitiger Anerkennung [führt, J.M.], sondern zur Ausbeutung ganz bestimmter Bevölkerungsgruppen, zur Ausbeutung von Leben, die nicht ganz als Leben zählen und als ›zerstörbar‹ und ›unbetrauerbar‹ gelten«[131]. Die Gegenkraft zu solchen Ungleichheiten ist eine Leidempfindlichkeit, die für die besondere Wahrnehmung des Leids Ander*er sensibilisiert. Die Allianz der Körper des radikaldemokratischen Wir besteht somit nicht in einer gemeinsamen Identität, sondern in einer als gemeinsam gefühlten Erfahrung. All diese Körper haben analoge Leiderfahrungen gemacht, die sie miteinander verbinden. Hier gilt es anzusetzen. Hier ergeht der Imperativ: Mein Leid und das Ander*er sollen nicht sein! Damit beginnt die Verstrickung ins Politische. Wer von den Erzählungen und Wahrnehmungen der Leiden Ander*er ausgeht, wird trotz aller höher zu gewichtender Unvergleichbarkeit etwas Gemeinsames empfinden.[132] Diese Unterstellung wird zur Sehhilfe, um Verbindendes bei größtmöglicher Achtung vor der Differenz der Leiderfahrung Ander*er zu erkennen. »Wie die Demokratietheorie mit ihrer Unterstellung der Selbstbestimmungsfähigkeit der Menschen die Herstellung von Verhältnissen legitimiert, in denen die Menschen dann tatsächlich lernen können, ein selbstbestimmtes Leben zu führen«, so könnte diese Wahrnehmung des Leids eine Kommunikation ermöglichen, in der analoge Leiderfahrungen »beschreibbar werden, deren Existenz« jedoch »vorweg angenommen werden musste, um sie ansteuern zu können«[133]. Eine solche Leidempfindlichkeit war Auslöser der BlackLivesMatter-Be-

131 J. Butler, Raster, 36.

132 Vgl. I. Lorey: Gemeinsam Werden. Prekarisierung als politische Konstituierung, in: www.grundrisse.net/grundrisse35/Gemeinsam_Werden.htm (Stand: 10.05.2019).

133 P. Rottländer, Solidarität, 138-140.

wegung. 2013 wurde als Reaktion auf den gewaltsamen Tod des schwarzen Jugendlichen Trayvon Martin von drei Aktivistinnen der Hashtag #BlackLivesMatter in die mediale Öffentlichkeit gepostet. Die in dem Hashtag enthaltene Empörung löste eine Bewegung aus.[134] Eindringlich schildert der BLM-Aktivist DeRay Mckesson die Bedeutung dieses Protests:

> »Protest is telling the truth in public. Sometimes protest is telling the truth to a public that isn't ready to hear it. Protest is, in its own way, storytelling. We use our bodies, words, art and sounds to tell the truth about the pain we endure, and to demand the justice we know is possible. It is meant to build a community, and to force a response. We would never have gone into the streets if Michael Brown hadn't been killed, or if thousands hadn't been killed before him. The protesters in Minneapolis would not have barricaded the Fourth precinct police station if Jamar Clark hadn't been killed, if Rekia Boyd hadn't been killed as she walked, if seven-year-old Aiyana Jones hadn't been shot through the wall by an officer while she slept on the couch, or if Philando Castile hadn't been slain while complying with every request and command from the officer who shot him. We took to the streets as a matter of life and death. What else could we do? [...] When we protest, we are simply individuals coming together to use power and activate hope.«[135]

Die geteilten Erfahrungen von Leid, die nicht alle zu Gleichen machen, die aber alle miteinander teilen[136], sind das Fundament, von dem aus wir die ungleich verteilten Gefährdetheiten als politische Herausforderungen wahrzunehmen vermögen. Die Kultur- und Sozialwissenschaftlerin Isabell Lorey hat diese Zusammenhänge scharfsichtig analysiert. Das Problem ist allerdings, dass diese Er-

134 Vgl. J. Thimm, #BlackLivesMatter. Eine neue Qualität gesellschaftlichen Protests, in: Nadine Godehardt (Hg.), Urbane Räume. Proteste. Weltpolitik, Berlin 2017, 15-29, 20/21.

135 DeRay Mckesson, ›I learned hope the hard way‹: on the early days of Black Lives Matter, The Guardian 19.04.2019.

136 Vgl. I. Lorey, Regierung, 33.

fahrungen und Wahrnehmungen immer nur als mit dem jeweiligen politischen Feld verwobene politische Erfahrungen wahrnehmbar sind. Wenn nun Gefährdungen stetig zunehmen, besteht die Gefahr, dass das, was wir alle miteinander teilen und das uns miteinander verbindet, verstellt wird. Dann gelingt es uns nicht mehr, die geteilten Leiderfahrungen zum Ausgangspunkt politischen Handelns zu machen.[137]

6. Das exzentrische Wir

Der Philosoph Oliver Marchart hat aufgezeigt, dass das Volk nie als Ganzes real fassbar und auch nicht bestimmbar ist. Es ist gespalten und genau deshalb offen für »Neuankömmlinge«.[138] Auch das radikaldemokratische Wir ist keine Totalität. Es ist selbst plural. Die Körperversammlung des radikaldemokratischen Wir steht für »eine provisorische und plurale Form der Koexistenz«, eine »aufkeimende und vorläufige Form […] der Volkssouveränität«[139]. Es ist eine Zusammenkunft von Menschen, in der die jeweilige Andersheit und Anderheit der einzelnen Anerkennung erfährt. Dieses Wir ist nicht identisch mit sich. Erst recht geht das Ich nicht in ihm auf. Das Ich ist Teil dieses Wir und steht gleichzeitig außerhalb des Wir. Es behält seinen unverwechselbaren Überschuss. Das radikaldemokratische Wir ist ein exzentrisches Wir. Beispielhaft für das radikaldemokratische Wir sei an dieser Stelle auf die Protestler*innen der Occupy-Bewegung verwiesen. Sie erfuhren sich nicht als eine anonyme Masse, sie entdeckten sich als eine Zusammenkunft von Menschen mit ähnlichen Interessen. Dadurch entstanden zwischen ihnen Bindungen, Menschen fanden Gehör, sie erfuhren Anerken-

---

137 Vgl. dies., Gemeinsam.

138 Vgl. O. Marchart, Ein revolutionärer Republikanismus – Hannah Arendt aus radikaldemokratischer Perspektive, in: A. Hetzel/R. Heil (Hg.), Die Unendliche Aufgabe: Kritik und Perspektiven der Demokratietheorie, Bielefeld 2006, 151-168, 165.

139 J. Butler, Versammlung, Pos. 285.

nung.[140] Die Versammlungen zeigten keinen Menschenhaufen, erst recht keinen Mob: »Ein Menschenhaufen, der Mob oder der Pöbel können gesellschaftliche Wirkungen entfalten – bisweilen fürchterliche und zerstörerische Wirkungen –, doch sind sie nicht in der Lage, aus eigenem Antrieb zu handeln. Das ist der Grund, warum sie für Manipulationen so anfällig sind.« Das radikaldemokratische Wir »hingegen ist ein aktives gesellschaftliches Subjekt, das auf der Grundlage dessen handelt, was den Singularitäten gemeinsam ist und von allen geteilt wird«[141]: die Erfahrung von Schmerz und Leid.

Demokratische Herrschaft ist ihrem Wesen nach Ausdruck der Praxis von Volkssouveränität. Diese Praxis lässt sich nicht durch eine demokratische Ordnung vollständig einhegen, weil sie sich immer wieder durch eine Infragestellung herrschender Ordnungen offenbart.[142] Gerade deshalb garantiert eine demokratische Ordnung das Recht auf Versammlungsfreiheit oder anders gesagt: das Recht auf diese, die Ordnung unterbrechende Handlung. Versammlungsfreiheit kann als »eine Wiederholung des Rechts auf Revolution«[143] betrachtet werden.[144] Der Staat ist jedoch immer wieder versucht, Staatssouveränität an die Stelle der Volkssouveränität zu setzen:[145] »Wenn wir daher über die öffentliche Versammlung nachdenken, denken wir immer auch an die Polizeigewalt, die sie entweder stattfinden lässt oder ihr Stattfinden verhindert, und wir sind auf der Hut vor dem Moment, in dem der Staat anfängt, das Volk zu attackieren, das er eigentlich repräsentieren soll, und in dem ein gewaltsamer Übergang vom öffentlichen Raum ins Gefängnis geschaffen wird.«[146] Das radikaldemokratische Wir ist aber nur als gewaltloses Wir radikal demokratisch, steht es doch für den

140 Vgl. C. Blumenkranz u.a. (Hg.), Occupy! Die ersten Wochen in New York. Eine Dokumentation, Berlin 2011.

141 Vgl. M. Hardt/A. Negri, Multitude. Krieg und Demokratie im Empire, Frankfurt/New York 2004, 118.

142 Vgl. J. Butler, Versammlung, Pos. 2551.

143 Ebd., Pos. 2510.

144 Vgl. ebd., Pos. 2514.

145 Vgl. ebd., Pos. 2564.

146 Ebd., Pos. 2909.

Willen zu einer Alternative zum Status quo, der sich mit Gewalt zu stabilisieren versucht. Die Aufgabe lautet deshalb: »der Gewalt zu begegnen, ohne deren Bedingungen zu reproduzieren«[147].

7. Das revolutionäre Wir

Das radikaldemokratische Wir ist eine Allianz aus Körpern aus Fleisch und Blut, aber selbst kein organischer politischer Körper. Im Gegenteil. Es bricht mit politischen Körpermetaphoriken. Dieses Wir unterliegt keinem Souverän. Es will aber auch nicht über Ander*e herrschen. In diesem Wir schießen Verwundbarkeit und Handlungsfähigkeit im Körper zusammen.[148] Dieses Wir ist der Beginn einer anthropologischen Revolution. Wenn von Revolution gesprochen wird, so denken viele an die Zerstörung eines Staates. Diese Sichtweise ist irreführend. Die politische Theoretikerin Bini Adamczak hat zu Recht darauf hingewiesen, dass die Aufgabe darin besteht, den Begriff der Revolution »von der Fixierung auf die Staatsmacht zu lösen« und ihn begehrenstheoretisch als eine Beziehungsweise zu denken[149]:

> »So wie Marx in einer berühmt gewordenen Formulierung den Menschen als Ensemble der gesellschaftlichen Verhältnisse definierte, so definierte er in einer bezeichnenderweise weniger berühmt gewordenen Formulierung die Gesellschaft als Ensemble der menschlichen Beziehungen. ›Die Gesellschaft‹, deklarierte er, ›besteht nicht aus Individuen, sondern drückt die Summe der Beziehungen aus, worin diese Individuen zueinander stehen‹. So verstanden, setzt sich die Welt nicht aus Einheiten zusammen, sondern aus Beziehungen […].«[150]

---

147 Ebd., Pos. 2943.

148 Vgl. ebd., Pos. 2187.

149 Vgl. B. Adamczak, Beziehungsweise Revolution: 1917, 1968 und kommende, Suhrkamp E-Book, Pos. 757.

150 Ebd., Pos. 2883.

Wenn wir Revolution von hier aus als eine Beziehungsweise verstehen, dann erscheint auch der Kapitalismus in einem anderen Licht, nämlich »als Gefüge von ineinandergreifenden Beziehungsweisen, lebendiger wie dinglicher. Die Warenbeziehung etwa, die die komplexen Beziehungsweisen des Gelds, des Kredits, des Kapitals voraussetzt und in sich aufnimmt, erscheint dann als eine, die Menschen verbindet, indem sie sie trennt.«[151] Wer so auf den Kapitalismus blickt, dem wird die Erkenntnis zuteil, dass der Kapitalismus keineswegs souverän über die Bedingungen seiner Veränderungen verfügt. Wenn Revolution eine Beziehungsweise ist und der Kapitalismus als »ein Gefüge von ineinandergreifenden Beziehungen« wahrgenommen werden muss, dann besteht die Möglichkeit, den Kapitalismus bis zu seiner Unkenntlichkeit durch neue Beziehungsweisen zu zivilisieren.

Hier setzt die Idee einer anthropologischen Revolution an: »Alle großen sozialen, ökonomischen und ökologischen Fragen können heute eigentlich nur noch durch Veränderungen bei und in uns selbst, in einer Art anthropologischer Revolution gelöst werden. Es geht heute, auch und gerade politisch, darum, daß wir ›anders leben‹ lernen, damit andere überhaupt leben können.«[152] Gründet das patriotische Wir im Mitgefühl, so ist die emotionale Kraft, die das radikaldemokratische Wir mobilisiert, die Mitleidenschaft. Mit diesem Begriff soll die Gleichursprünglichkeit von Passivität und Aktivität bezeichnet werden, die im Begriff des Mitgefühls nicht notwendigerweise enthalten ist.[153] Das Vermögen zur Mitleidenschaft gründet in Leidempfindlichkeit. Mitleidenschaft wird durch das Bedürfnis geweckt, dem Leiden Ander*er in Vergangenheit, Gegenwart und Zukunft, aber auch dem »Seufzer der bedrängten Kreatur« (Karl Marx) Ausdruck zu verschaffen.[154] Es ist die durch

151 Ebd., Pos. 3000.

152 J.B. Metz, Unterwegs zur Zweiten Reformation. Oder: Die Zukunft des Christentums in einer nachbürgerlichen Welt, in: Ders., Jenseits bürgerlicher Religion. Reden über die Zukunft des Christentums, München/Mainz [4]1984, 70-93, 85.

153 Vgl. ders., Passionis, 166.

154 In seiner Kritik der Hegelschen Rechtsphilosophie bezog Karl Marx den Ausdruck allerdings auf den Menschen.

dieses Bedürfnis ausgelöste Selbsttransformation, die ein radikaldemokratisches Wir sich ereignen lässt.

Das Ereignis, für das das radikaldemokratische Wir steht, ist als Ereignis revolutionär. Man denke etwa an die von Naomi Klein beschriebenen »Blockadias«: »Dabei handelt es sich nicht um einen bestimmten Ort auf der Landkarte, sondern vielmehr um eine wandernde transnationale Konfliktzone, die mit zunehmender Häufigkeit und Intensität überall dort entsteht, wo die Rohstoffindustrie zu graben und zu bohren versucht, ob für den Tagebau, für Gas-Fracking oder für die Gewinnung von Öl aus Teersand, das dann durch Pipelines wegtransportiert wird. Was diese zunehmend vernetzten Widerstandsnester verbindet, ist die schiere Gier der Bergbau- und Fossilkonzerne.«[155] Die Menschen, die sich an einem Schauplatz Blockadia zusammenfinden, gleichen nicht dem typischen Profil von Aktivist*innen: »Vielmehr zeigen sie die typischen Merkmale aller, die an dem jeweiligen Ort leben, und sind Ladenbesitzer, Universitätsprofessoren, Studenten, Großmütter.«[156] Blockadia ist ein Ereignis-Ort, der nicht in unsere (System-)Welt hineinpasst, sondern diese für einen Moment aufsprengt. Blockadia steht für ein Widerfahrnis, das so nicht geplant war und das den Lauf des Vorgegebenen unterbricht. Die Allianz von Körpern, die plötzlich öffentlich sichtbar wird, ist »eine Erscheinung ohne feste Gestalt als Basis«[157]. Ein solches Ereignis ist zirkulär. Es ist nicht bloßer Effekt einer dem Ereignis vorausgehenden Ursache. Es ist gleichursprünglich Ursache und Effekt. Der Philosoph Slavoj Žižek vergleicht deshalb das Ereignis mit der Liebe.[158] Das Ereignis ist umstürzlerisch. In einem Ereignis liegt im Unterschied zu einem Erlebnis etwas »Wunderbares«[159]. In diesem Wir-Ereignis rücken die Körper plötzlich »in die Mitte des politischen Feldes«. Sie sind die »leibliche Forderung nach lebenswerteren wirtschaftlichen, ge-

155 N. Klein, Die Entscheidung: Kapitalismus vs. Klima, Frankfurt a.M. 2015, E-Book, Pos. 6290.

156 Ebd., Pos. 6301.

157 S. Žižek, Was ist ein Ereignis?, Frankfurt a.M. 2014, E-Book, Pos. 29.

158 Vgl. ebd., Pos. 33.

159 Ebd., Pos. 27.

sellschaftlichen und politischen Bedingungen [...], die nicht mehr durch von außen auferlegte Formen der [Gefährdetheit, J.M.] erschwert werden«[160]. Diese Körper »›sagen‹, dass sie nicht frei verfügbar sind, auch wenn sie nur still dastehen«[161]. Im Ereignis fällt eine Alternative zum Status quo ein: »Im Kapitalismus, wo sich die Dinge ständig ändern, um gleich zu bleiben, würde das wahre Ereignis darin bestehen, das Prinzip der Veränderung selbst zu verändern.«[162] Die moderne Gesellschaft ist dadurch charakterisiert, dass sie »sich nur dynamisch zu stabilisieren vermag«. Zur »Aufrechterhaltung ihres institutionellen Status quo [bedarf sie, J.M.] des stetigen (ökonomischen) Wachstums, der (technischen) Beschleunigung und der (kulturellen) Innovierung [...]«[163]. Angetrieben wird diese Veränderung durch eine Bedürfnisbefriedigung, die häufig durch fremde Interessen mittels Marketingstrategien hervorgerufen wird. Das Prinzip der sich beschleunigenden Veränderung kann nur durch ein revolutionäres Begehren verändert werden, das gekennzeichnet ist durch den Mut zur Hingabe an Ander*e und Anderes.

Hatten die Studierenden im Zusammenhang der Ereignisse der »Studentenrevolution« 1968 begriffen, dass das persönliche Unglück immer auch als gesellschaftliches Unrecht verstanden werden muss und deshalb nur über die Veränderung der Gesellschaft bekämpft werden kann, so gilt es heute zu erkennen, dass der Sprung zur Transformation nicht mit der Veränderung der »Gesellschaft« beginnt, sondern mit der Veränderung der »Existenz«.[164] Es kommt heute darauf an, die Erstarrung der »Gesellschaft« von der Bewegung der »Existenz« aus aufzubrechen. Aus diesem Grund ist beim Menschen selbst anzusetzen, beim Menschen in seiner »Existenz«: »Genau gesehen, geht es heute das erste Mal nicht mehr nur um diese oder jene Sache, nicht mehr nur um dieses oder jenes Mit-

---

160 J. Butler, Versammlung, Pos. 210.

161 Ebd., Pos. 330.

162 S. Žižek, Ereignis, Pos. 2215-2221.

163 H. Rosa, Unverfügbarkeit, Wien/Salzburg 2015, 15.

164 Vgl. H. Bude, Adorno für Ruinenkinder. Eine Geschichte von 1968, München 2018, E-Book, Pos. 615.

tel, sondern auch um den Zweck selbst, d.h. also um den Menschen selbst, um ein neues Verhältnis des Menschen zu sich und zu allen anderen, zu seiner Mit- und Umwelt.«[165]

In seinem »Versuch über die Befreiung« setzte der Philosoph Herbert Marcuse alle Hoffnung auf eine neue Sensibilität. Daran gilt es anzuknüpfen: Voraussetzung der geforderten anthropologischen Revolution ist eine neue Sensibilität, die einer den Menschen knechtenden Bedürfnisbefriedigung widersteht, die Ander*e verletzt und durch die wir uns selbst verletzen. Es geht um Wünsche und Befriedigungen, die nicht Verschwendung und Verschmutzung reproduzieren und Naturausbeutung verewigen.[166] Es geht deshalb auch um mehr als um ein Bedürfen, es geht um ein Begehren. Während das Bedürfen in erster Linie auf die Befriedigung des Individuums ausgerichtet ist, ist das Begehren ein horizontales Transzendieren des Individuums, eine Bewegung zu Ander*en hin, die ins Politische führt. Das Bedürfnis steht immer in der Gefahr zu individualisieren, während das Begehren sozialisiert und politisiert.

Das radikaldemokratische Wir ist ein revolutionäres Wir, das nicht durch das Begehren nach Revolution motiviert wird, sondern durch ein Begehren, das revolutionär ist. Ein Begehren nach Revolution verkehrt Mittel und Zweck und endet in der Fetischisierung der Revolution.[167] Das revolutionäre Begehren hingegen zielt nicht auf die Revolution selbst, wie Adamczak betont, sondern »auf die Überwindung einer schlechten und die Errichtung einer besseren Welt«[168]. Das Begehren nach Revolution ist zerstörerisch.[169] Wenn hier von Revolution gesprochen wird, dann geht es immer um Revolution als eine Beziehungsweise, die durch solidarisch-kooperative Beziehungen gestiftet wird.[170] Wo das Solidarischsein keine

165 J.B. Metz, Reformation, 84/85.

166 Vgl. H. Marcuse, Versuch über die Befreiung, in: Ders., Schriften 8, Frankfurt 1984, 237-317, 245.

167 Vgl. B. Adamczak, Revolution, Pos. 959.

168 Ebd., Pos. 259.

169 Vgl. ebd., Pos. 208-214.

170 Vgl. ebd., Pos. 392.

erlebbare und geteilte Erfahrung mehr ist, da, so Adamczak, »stirbt die Revolution«[171].

Dass der Mensch sich und Ander*e ändern kann, dass neue Beziehungsweisen möglich sind, an dieser Hoffnung muss festgehalten werden. Das setzt natürlich voraus, dass der einzelne nicht völlig vergesellschaftet ist, dass es noch so etwas wie Resonanzerfahrungen in unseren (Welt-)Beziehungen gibt. Das Gegenteil von Resonanz ist Entfremdung: »Entfremdung« ist das »Gefühl, dass die Welt ihre Bedeutung verloren hat, dass sie blass und grau geworden ist. Dass mich nichts mehr berührt. Resonanz bedeutet gerade: berührt werden, und auch die Welt erreichen können. Nicht verschlossen, sondern offen sein.«[172] Der Soziologe Hartmut Rosa öffnet den Blick für resonante Erfahrungen in der Gesellschaft, die nicht irgendwelchen Verwertungsinteressen entspringen:

> »Auch der ausgebeutete Krankenpfleger begegnet am Krankenbett noch einem resonanzfähigen Menschen, auch die am Rande des Burnout operierende Lehrerin begegnet dem Resonanzverlangen ihrer Schüler_innen, der Fernfahrer entwickelt seinen Sinn für Fahrzeug und Straße, die Programmiererin für den Programmcode und die Lackiererin für Lack und Pinsel. Und sie erfahren völlig zu Recht Selbstwirksamkeit, in dem was sie tun, auch in der Fabrikhalle und auch, wenn sie es unter Bedingungen sozioökonomischer Fremdbestimmung tun.«[173]

Das Revolutionäre denken heißt, mit resonanten (Welt-)Beziehungen zu beginnen, die für das revolutionäre Begehren öffnen und in Leidempfindlichkeit gründen. Beispielhaft sei hier auf die von Gail Bradbrook und anderen Aktivist*innen 2015 ausgerufene »compassionate revolution« hingewiesen. Inspiriert durch die

---

171 Ebd., Pos. 438.

172 Vgl. H. Rosa, Warum Achtsamkeit nicht möglich ist, wenn die Welt nicht achtsam ist (und was wir dennoch tun können), in: F. van Rootselaar, Leben, Pos. 854-964, Pos. 925.

173 Ders., Für eine affirmative Revolution. Eine Antwort auf meine Kritiker_innen, in: C.H. Peters/P. Schulz (Hg.), Resonanzen und Dissonanzen. Hartmut Rosas kritische Theorie in der Diskussion, Bielefeld 2017, 311-329, 327.

Occupy-Bewegung startete diese Revolution zunächst als Plattform, auf der Menschen geloben konnten, Aktionen der Kunst, des Herzens und des zivilen Ungehorsams gegen die Aushöhlung der Demokratie ins Leben zu rufen. Dabei wurde auf eine innere Veränderung gesetzt, durch die die äußere in Gang gebracht werden sollte.[174] Kern der Revolution sollte Compassion sein, weil »eine Revolution ohne Compassion, ohne innere, persönliche Veränderung wie die Geschichte gezeigt hat, zu einer Wiederholung der Herrschaft weniger über die vielen führt, die die Macht haben und über die Ressourcen verfügen«[175]. Aus dieser Aktion entstand die Bewegung »Rising Up!« – ein Netzwerk verschiedenster Initiativen zur Rettung der Erde. Daraus wiederum ging schließlich die weltweite Bewegung »Extinction Rebellion« hervor. Diese Bewegung wurde im Mai 2018 gegründet und mit einem Aufruf von 94 Wissenschaftler*innen zu sofortigen Aktionen gegen das Massensterben im »Guardian« unterstützt. Sie startete im Oktober 2018, angestoßen durch »Rising Up!«. Seit den aufsehenerregenden Aktionen im November 2018 und April 2019 in London und dem dadurch motivierten Beschluss des Britischen Unterhauses, den Klimanotstand auszurufen, haben sich weltweit Ableger dieser Bewegung gebildet. Es geht um eine »Rebellion für das Leben«, die sich in vielfältigen Protesten zivilen Ungehorsams ausdrückt, deren Motto lautet »Hope dies – Action begins«. Die Organisationsstruktur ist sehr fluide und flexibel und enthält schwache Hierarchien. Die vielen unterschiedlichen Gruppen sind nach einem sich selbst organisierenden System miteinander vernetzt, das holokratische Elemente enthält, wodurch einzelnen Gruppen größtmögliche Autonomie zugesprochen wird. Diese Struktur soll helfen, Machtstrukturen zu durchbrechen. Alle unterliegen jedoch Grundsätzen, die Verbindlichkeit besitzen (Weltveränderung für zukünftige Generationen; Gewaltfreiheit; Infragestellung von Machtstrukturen etc.).

174 J. Wiseman, New online political venture the Compassionate Revolution to be launched in Stroud, in: https://www.stroudnewsandjournal.co.uk/news/13345796.new-online-political-venture-the-compassionate-revolution-to-be-launched-in-stroud/ (Stand: 10.05.2019).

175 https://compassionate-revolution.net/why-compassionate-revolution.html (Stand: 10.05.2019).

Der Blick auf diese Bewegung zeigt, dass die Heterogenität und Pluralität des radikaldemokratischen Wir im Laufe der Zeit zunimmt. Zusammengehalten wird dieses Wir wiederum durch die diversen Erfahrungen des Gefährdetseins, die in den Gruppensitzungen narrativ ausgetauscht werden. Im Fokus steht jedoch nicht so sehr das eigene Gefährdetsein, sondern die Bedrohung der Erde und das massenhafte Sterben der Arten. Das radikaldemokratische Wir tritt in dieser Bewegung durch Akte zivilen Ungehorsams hervor: »It must be stressed that Extinction Rebellion actions are focused on creating disruption through committing civil disobedience. Peaceful lawbreaking and acts of rebellion shift the narrative to one of emergency, which changes what people are willing to risk to change a system which is risking all life.«[176]

Durch diese Aktionen sollen jedoch keine Kampfzonen geschaffen werden. Im Gegenteil. Die Radikalität der Aktionen geht einher mit der Verpflichtung, keine Feindzonen entstehen zu lassen, geht es doch um den Schutz allen Lebens.[177] Das Vermögen, leidempfindlich zu sein, ermöglicht den Teilnehmer*innen, ihr geteiltes Gefährdetsein wahrzunehmen. Trauer über die Ausrottung des Lebens wird in dieser Bewegung zur Handlungsressource. Hier wird deutlich, wie das radikaldemokratische Wir auf das Sollen ausgerichtet wird. Schließlich ist es das Sollen, das die faktische Realität durchbricht. Mit jeder Ethik, die nicht das bloße Sein zum Sollen erhebt, beginnt eine Alternative zur Normativität des Faktischen. Und in jeder Alternative steckt die Chance zur anthropologischen Revolution. Vielleicht vollzieht sich die anthropologische Revolution heute schon unbemerkt und unerkannt: etwa dann, wenn Heterotope entstehen, Ereignis-Orte in dieser Welt, an denen etwas geschieht oder geschehen ist, das nicht in diese (System-)Welt passt.[178] Es sind solche Ereignis-Orte, die die vermeintliche Alternativlosigkeit des

---

176 T. Jacout/R. Boardman/L.G. Baulch, Building an Action, in: Extinction Rebellion. This Is Not A Drill, Penguin E-Book, Pos. 1102-1104.

177 Ebd.

178 Vgl. J. Manemann, Ins Utopische verstrickt, in: weiter denken. Journal für Philosophie 1/2018, in: https://weiter-denken-journal.de/fruehjahr-2018-geist-der-utopie/Ins_Utopische_verstrickt.php (Stand: 10.05.2019).

gegenwärtigen Zustandes unterbrechen – und sei es nur für einen kurzen Moment. An ihnen entsteht ein Begehren, das unser Leben transformierend transzendiert.

An der Entstehung von »Extinction Rebellion« lässt sich modellhaft zeigen, wie sich Ereignisse, in denen sich ein radikaldemokratisches Wir einmal manifestierte, immer wieder neu und in anderer Form, jedoch immer mit Bezügen zu vorherigen Manifestationen neu ereignen. Das radikaldemokratische Wir ist ein Ereignis, das sich in anderen sich ereignenden Unterbrechungen fortsetzt.[179] Und ein Weiteres lässt sich am Modell von »Extinction Rebellion« aufweisen: Vom radikaldemokratischen Wir zu sprechen heißt, nicht nur von Beschädigungen und Gefährdungen menschlicher Körper zu sprechen, sondern immer auch das nichtmenschliche Leben im Blick zu haben, ohne das es kein menschliches Leben gibt.[180] Das radikaldemokratische Wir vom Körper her denken heißt, sich mit dem zu befassen,

> »was nicht nur jenseits meiner selbst, sondern auch jenseits meines Menschseins lebt, verbunden zu sein, und kein Selbst und kein Mensch kann ohne diese Verbindung zu einem biologischen Netzwerk des Lebens leben, das den Bereich des menschlichen Tieres übersteigt. Die Zerstörung wertvoller gebauter Umwelten und stützender Infrastrukturen ist die Zerstörung dessen, was idealerweise das Leben in einer Weise organisieren und erhalten sollte, dass es lebbar ist.«[181]

Extinction Rebellion versteht sich als Rebellion für das Leben: der Menschen, der Tiere und der Pflanzen.

---

179 Vgl. I. Lorey, Gemeinsam.

180 Vgl. J. Butler, Versammlung, Pos. 691.

181 Ebd., Pos. 714.

Unterwegs zu einer radikalen Demokratie ...

An der Zeit ist eine radikale Demokratie. Wer radikal denkt, muss bekanntlich von der Wurzel (radix), vom Ursprung, her denken. »Wurzel« und »Ursprung« können herrschaftlich sein. Rechtspopulist*innen und Identitäre verstehen darunter das, was Adorno »die Bestätigung dessen, der zuerst drankommt«, genannt hat, »weil der zuerst da war«.[1] Wenn hier vom Ursprung die Rede ist, dann in einem nichtstatischen Sinn als Ur-Sprung.[2] Die Leidempfindlichkeit, welche die Voraussetzung dafür ist, den Anspruch Ander*er so zu vernehmen, dass ich in eine Verantwortung hineingezogen werde, die ich nicht delegieren kann und die mich zum Handeln für Ander*e herausfordert, wird zum Ermöglichungsgrund radikaler individueller und kollektiver Selbstwirksamkeit. Wir werden durch Mitleidenschaft – das Vermögen, sich aktiv gegen das Leid Ander*er zu engagieren – ins Politische verstrickt. Dieser Anfang ist Ur-Sprung der Demokratie. Versiegt oder trocknet diese emotionale Quelle aus, kann Demokratie sowohl als Regierungsform als auch als Lebensform nicht überleben. Es bedarf immer wieder neu Menschen, die sich mit ihren Körpern den Gefährdungen des Lebens entgegenstellen. Die Zukunftsfähigkeit der Demokratie hängt von diesem Wir-Ereignis ab. Demokratie als Ur-Sprung heißt: Demokratie ist nicht einfach. Im Gegenteil. Sie verschwände, wenn sie realisiert wäre. Demokratie ist zukünftige Gegenwart: »Demo-

---

1 Th. W. Adorno, Negative Dialektik, Frankfurt ^{3}1983, 158.

2 Vgl. ebd.

kratie im Kommen« (J. Derrida).[3] Demokratie ist ein Versprechen, das die Demokratie nicht halten kann. Und so liegt auch die Kraft der Demokratie nicht in ihrem Drang zur Verwirklichung eines bestimmten Gutes, sondern in ihrem Versprechen, das immer wieder im Ereignis des radikaldemokratischen Wir aktualisiert wird.[4]

3 Vgl. O. Marchart, Demonstrationen des Unvollendbaren: Politische Theorie und radikaldemokratischer Aktivismus, in: Documenta 11_Plattform 1: Demokratie als unvollendeter Prozess, hg. v. O. Enwezor/C. Basualdo/S. Ghez/S. Maharal/M. Nash/O. Zaya, Kassel 2002, 291-306.

4 Vgl. ebd.

Dank

Mein erster Dank gilt Marvin Dreiwes M.A. für viele wertvolle Hinweise. Besonders bedanken möchte ich mich auch bei Anna Maria Hauk M.A. für die Korrektur. Erwähnen möchte ich ebenso Katalin Kuse B.A. und Thilo, die wichtige Anregungen beigesteuert haben. Zu Dank verpflichtet bin ich nicht zuletzt dem transcript Verlag für die Unterstützung dieses Projekts.

Hannover, im Juli 2019
Jürgen Manemann

Literaturverzeichnis

Adamczak, B., Beziehungsweise Revolution: 1917, 1968 und kommende, Berlin 2017 (EBook).

Adorno, Th. W., Minima Moralia. Reflexionen aus dem beschädigten Leben, Frankfurt a.M. 1991.

Adorno, Th. W., Negative Dialektik, Frankfurt a.M. [3]1983.

Adorno, Th. W., Erziehung nach Auschwitz, in: Ders., Stichworte. Kritische Modelle 2, Frankfurt a.M. [3]1970, 85-101.

AfD Thüringen, Leitkultur, Identität, Patriotismus. Ein Positionspapier der AfD-Fraktion im Thüringer Landtag als Beitrag zur Debatte um die deutsche Leitkultur, Erfurt 2018.

Arendt, H., Was ist Politik? Fragmente aus dem Nachlaß, München/Zürich 1993.

Arendt, H., Eichmann in Jerusalem. Ein Bericht von der Banalität des Bösen, München [5]1986.

Basaure, M./Reemtsma, J.P./Williag, R. (Hg.), Erneuerung der Kritik. Axel Honneth im Gespräch, Frankfurt a.M./New York 2009.

Bayertz, K./Boshammer, S., Solidarität, o.J., https://www.uni-muenster.de/imperia/md/content/angewandteethik/_v/intranet/hpps_solidaritaet.pdf (Stand: 18.06.2019).

Bedorf, T., Verkennende Anerkennung. Über Identität und Politik, Berlin 2010.

Blumenkranz, C. u.a. (Hg.), Occupy! Die ersten Wochen in New York. Eine Dokumentation, Berlin 2011.

Boddenberg, M., Krise der Solidarität – Solidarität der Krise. Ein soziologischer Blick auf eine gesellschaftliche Kategorie im Wandel der Zeit, in: Soziologiemagazin, 1/2014, 20-38.

Bude, H., Adorno für Ruinenkinder. Eine Geschichte von 1968, München 2018 (EBook).

Butler, J., Gefährdetes Leben. Politische Essays, Frankfurt a.M. [5]2017.

Butler, J., Anmerkungen zu einer performativen Theorie der Versammlung, Berlin 2016 (EBook).

Butler, J., Raster des Krieges. Warum wir nicht jedes Leid beklagen, Frankfurt a.M./New York 2010.

Canetti, E., Masse und Macht, Frankfurt a.M. [29]2003.

Charim, I., Ich und die Anderen. Wie der neue Pluralismus uns alle verändert, Wien 2018 (EBook).

Claussen, D., Was heißt Rassismus?, Darmstadt 1994.

Coates, T., Zwischen mir und der Welt, München 2016.

Demmerling, C./Landweer, H., Philosophie der Gefühle. Von Achtung bis Zorn, Stuttgart 2007 (EBook).

Detering, H., Zur Rhetorik der parlamentarischen Rechten – »Wer ist wir?«, Vortrag auf der Vollversammlung des Zentralkomitees der deutschen Katholiken am 23./24. November 2018, in: https://www.zdk.de/veroeffentlichungen/reden-und-beitraege/detail/Impulsvortrag-Zur-Rhetorik-der-parlamentarischen-Rechten-Wer-ist-wir-Prof-Dr-Heinrich-Detering--413s/ (Stand: 22.04.2019).

Dietzsch, M., Zwischen Konkurrenz und Kooperation. Organisation und Presse der Rechten in der Bundesrepublik, in: S. Jäger (Hg.), Rechtsdruck. Die Presse der Neuen Rechten, Berlin/Bonn 1988, 31-80.

Döring, S.A., Philosophie der Gefühle, Frankfurt a.M. 2013 (EBook).

Dubiel, H., Ungewißheit und Politik, Frankfurt a.M. 1994.

Emcke, C., Gegen den Hass, Frankfurt a.M. 2016 (EBook).

Enzensberger, H.M., Die Große Wanderung. 33 Markierungen, Frankfurt a.M. [2]2016.

Eribon, D., Rückkehr nach Reims, Berlin [18]2018.

Fanon, F., Schwarze Haut, weiße Masken, Frankfurt a.M. 1985.

Flores d'Arcais, P., Ist Amerika noch eine Demokratie?, in: Die Zeit v. 20.01.2005.

Frehse, L./Middelhoff, P., Identitäre Bewegung. Keinen! Meter! Weichen!, in: Die Zeit 15/2018.

Fukuyama, F., Identität. Wie der Verlust der Würde unsere Demokratie gefährdet, Hamburg 2019 (EBook).

Fukuyama, F., Das Ende der Geschichte. Wo stehen wir?, München 1992.

Gauland, A., Populismus und Demokratie, in: Sezession 88 – Volk, 2019, 14-21.

Gessenharter, W., Kippt die Republik? Die Neue Rechte und ihre Unterstützung durch Politik und Medien, München 1994.

Gruen, A., Wider den Terrorismus, Stuttgart 2015.

Hampe, M., Philosophie als Therapie. Das Beispiel von Deweys kritischem Pragmatismus, in: E. Schürmann/S. Spankebel/H. Wittwer (Hg.), Formen und Felder des Philosophierens. Konzepte, Methoden, Disziplinen, München 2017, 60-77.

Hardt, M./Negri, A., Multitude. Krieg und Demokratie im Empire, Frankfurt a.M./New York 2004.

Heide, S., Im Kampf gegen den Zeitgeist. Das Identitäre Zentrum in Halle, in: A. Speit (Hg.), Das Netzwerk der Identitären: Ideologie und Aktionen der Neuen Rechten, Berlin 2018, 73-92.

Heidegger, M., Sein und Zeit, Tübingen [16]1986.

Heidenreich, F., Gefühle ins Recht setzen: Wann sind politische Emotionen (noch) demokratisch?, in: Zeitschrift für Politikwissenschaft 4/2013, 575-583.

Heidenreich, F., Was ist und wie entsteht demokratische Identität?, in: S. Wendel (Hg.), Was ist und wie entsteht demokratische Identität?, Göttingen 2013, 15-31.

Heidenreich, F./Schaal, G.S. (Hg.), Politische Theorie und Emotionen, Baden-Baden 2012.

Hessel, S., Empört Euch!, Berlin [5]2011.

Honneth, A., Das Ich im Wir. Studien zur Anerkennungstheorie, Berlin 2010.

Honneth, A., Kampf um Anerkennung. Zur moralischen Grammatik sozialer Konflikte, Frankfurt a.M. 1994.

Hundseder, F., »Neue Rechte« – Durch Eliten zum Erfolg?, in: »Neue Rechte.« Was steckt dahinter? Materialien zum Rechtsextremismus. Bd. 1, Düsseldorf [2]2000.

Jaeggi, R., Kritik der Lebensformen, Berlin 2014.

Jongen, M., Migration und Thymostraining, Vortrag vom 17.02.2017 am Institut für Staatspolitik, in: https://www.youtube.com/watch?v=cg_KuESI7rY (Stand: 28.04.2019).

Kirchner, B., Der kontemplative Weg. Begegnungen mit der persönlichen Innenwelt, Kammeltal 2008.

Klein, N., Die Entscheidung: Kapitalismus vs. Klima, Frankfurt a.M. 2015 (EBook).

Kubitschek, G., Provokation, Schnellroda ^{2}2018.

Kubitschek, G., Provokation!, in: Sezession 12 – Grundlagen, 2006, 22-24, https://sezession.de/6174/provokation (Stand: 10.04.2019).

Liebsch, B., Einander ausgesetzt – Der Andere und das Soziale. Band II: Elemente einer Topographie des Zusammenlebens, Freiburg/München 2018.

Lorey, I., Die Regierung des Prekären, Wien/Berlin ^{2}2015.

Lorey, I., Gouvernementale Prekarisierung, 2011, http://eipcp.net/transversal/0811/lorey/de/#_ftnref8 (Stand: 18.05.2019).

Lorey, I., Gemeinsam Werden. Prekarisierung als politische Konstituierung, in: www.grundrisse.net/grundrisse35/Gemeinsam_Werden.htm (Stand: 10.05.2019).

Manemann, J., Ins Utopische verstrickt, in: weiter denken. Journal für Philosophie 1/2018, https://weiter-denken-journal.de/fruehjahr-2018-geist-der-utopie/Ins_Utopische_verstrickt.php. (Stand: 18.06.2019).

Manemann, J., Der Dschihad und der Nihilismus des Westens. Warum ziehen junge Europäer in den Krieg?, Bielefeld 2015.

Manemann, J./Arisaka, Y./Drell, V./Hauk, A.M., Prophetischer Pragmatismus. Eine Einführung in Cornel West, München ^{2}2013.

Manemann, J., Wie wir gut zusammen leben. 11 Thesen für eine Rückkehr zur Politik, Mannheim 2013.

Manemann, J., Carl Schmitt, in: H.-R. Schwab (Hg.), Eigensinn und Bindung. Katholische deutsche Intellektuelle im 20. Jahrhundert. 39 Portraits, Kevelaer 2009, 215-234.

Manemann, J., Über Freunde und Feinde. Brüderlichkeit Gottes, Kevelaer 2008.

Manemann, J., Carl Schmitt und die Politische Theologie. Politischer Anti-Monotheismus, Münster 2002.

Marchart, O., Ein revolutionärer Republikanismus – Hannah Arendt aus radikaldemokratischer Perspektive, in: A. Hetzel/R.

Heil (Hg.), Die Unendliche Aufgabe: Kritik und Perspektiven der Demokratietheorie, Bielefeld 2006, 151-168.

Marchart, O., Demonstrationen des Unvollendbaren: Politische Theorie und radikaldemokratischer Aktivismus, in: Documenta 11_Plattform 1: Demokratie als unvollendeter Prozess, hg. v. O. Enwezor/C. Basualdo/S. Ghez/S. Maharal/M. Nash/O. Zaya, Kassel 2002, 291-306.

Marcuse, H., Versuch über die Befreiung, in: Ders., Schriften 8, Frankfurt a.M. 1984, 237-317.

Mckesson, D., ›I learned hope the hard way‹: on the early days of Black Lives Matter, The Guardian 19.04.2019.

Meier, H., Die Lehre Carl Schmitts. Vier Kapitel zur Unterscheidung Politischer Theologie und Politischer Philosophie, Stuttgart/Weimar 1994.

Memmi, A., Rassismus, Hamburg 1992.

Metz, J.B., Memoria Passionis. Ein provozierendes Gedächtnis in pluralistischer Gesellschaft, Freiburg/Basel/Wien 2006.

Metz, J.B., Unterwegs zur Zweiten Reformation. Oder: Die Zukunft des Christentums in einer nachbürgerlichen Welt, in: Ders., Jenseits bürgerlicher Religion. Reden über die Zukunft des Christentums, München/Mainz [4]1984, 70-93.

Möllers, C., Demokratie – Zumutungen und Versprechen, [2]2009.

Moltmann, J., Erfahrungen theologischen Denkens. Wege und Formen christlicher Theologie, Gütersloh 1999.

Morstein, P. v., Denken wendet Lebensnot. Philosophieren im Angesicht von Parkinson, Berlin 2016.

Müller, J.-W., Was ist Populismus? Ein Essay, Berlin 2016 (EBook).

Müller, M.A., Kontrakultur, Schnellroda [2]2017.

Müller, R., Ressentiment. Wiege des Populismus, Dresden 2019.

Negt, O., Zum Verständnis des Politischen bei Hannah Arendt, in: P. Kemper (Hg.), Die Zukunft des Politischen. Ausblicke auf Hannah Arendt, Frankfurt a.M. 1993, 55-68.

Nussbaum, M.C., Warum wir nach Ansicht einer linken Denkerin wieder an unser Vaterland glauben sollten, in: F. van Rootselaar (Hg.), Leben in schwierigen Zeiten: 15 Philosophen über Klimawandel, Fake News und andere Dinge, die uns den Schlaf rauben, Darmstadt 2019 (EBook).

Nussbaum, M.C., Königreich der Angst: Gedanken zur aktuellen politischen Krise, Darmstadt 2019 (EBook).

Nussbaum, M.C., Politische Emotionen. Warum Liebe für Gerechtigkeit wichtig ist, Berlin 2014 (EBook).

Nussbaum, M.C., Nicht für den Profit. Warum Demokratie Bildung braucht, Überlingen 2012.

Nussbau, M.C., Gerechtigkeit oder Das gute Leben, Frankfurt a.M. 1997.

Paret, C., Der Reiz des unverhohlen Illegitimen. Wie man sich auf das »Postfaktische« einen Reim machen kann, ohne von aufzuklärenden Getäuschten auszugehen, in: M. Kotzur (Hg.), Wenn Argumente scheitern. Aufklärung in Zeiten des Populismus, Münster 2018, 57-70.

Pfahl-Traughber, A., »Konservative Revolution« und »Neue Rechte«. Rechtsextremistische Intellektuelle gegen den demokratischen Verfassungsstaat, Opladen 1998.

Plessner, H., Die Frage nach der Conditio humana, in: Ders., Gesammelte Schriften VIII, Frankfurt a.M. 1983.

Pongratz, L., Zur Aporetik des Erfahrungsbegriffs bei Th. W. Adorno, in: Philosophisches Jahrbuch 93/1986, 137-142.

Reuter, J., Ordnungen des Anderen. Zum Problem des Eigenen in der Soziologie des Fremden, Bielefeld 2002.

Rosa, H., Warum Achtsamkeit nicht möglich ist, wenn die Welt nicht achtsam ist (und was wir dennoch tun können), in: F. van Rootselaar, Leben in schwierigen Zeiten. 15 Philosophen über Klimawandel, Fake News und andere Dinge, die uns den Schlaf rauben, Darmstadt 2019 (EBook), Pos. 854-964.

Rosa, H., Unverfügbarkeit, Wien/Salzburg 2018.

Rosa, H., Für eine affirmative Revolution. Eine Antwort auf meine Kritiker_innen, in: C.H. Peters/P. Schulz (Hg.), Resonanzen und Dissonanzen. Hartmut Rosas kritische Theorie in der Diskussion, Bielefeld 2017, 311-329.

Rosa, H., Resonanz: Eine Soziologie der Weltbeziehung, Berlin 2016 (EBook).

Rosa, H./Endres, W., Resonanzpädagogik: Wenn es im Klassenzimmer knistert, Weinheim/Basel 2016 (EBook).

Ross, A., Gaulands Abflussbecken, FAZ Online 07.04.2019, https://www.faz.net/aktuell/politik/afd-und-europawahlkampf-gaulands-abflussbecken-16129238.html (Stand: 01.05.2019).

Rottländer, P., Ethische Rechtfertigung weltweiter Solidarität. Deskriptive, normative und methodische Aspekte, in: N. Brieskorn (Hg.), Globale Solidarität. Die verschiedenen Kulturen und die Eine Welt, Stuttgart/Berlin/Köln 1997, 117-142.

Rottländer, P., Vom Eigeninteresse zur Moral? Überlegungen zur ethisch-normativen Grundlegung von Entwicklungspolitik, in: A. Habisch/U. Pöner (Hg.), Signale der Solidarität. Wege christlicher Nord-Süd-Ethik, Paderborn 1994, 153-180.

Scheler, M., Das Ressentiment im Aufbau der Moralen, Frankfurt a.M. [3]2017.

Schmidt-Mattern, B., Die Klimapolitik der AfD. Persönliche Angriffe und Falschaussagen, Deutschlandfunk 29.03.2019, in: https://www.deutschlandfunk.de/die-klimapolitik-der-afd-persoenliche-angriffe-und.1773.de.html?dram:article_id=444916 (Stand: 08.05.2019).

Schmitt, C., Glossarium. Aufzeichnungen der Jahre 1947-1951, Berlin 1991.

Schmitt, C., Der Begriff des Politischen. Text von 1932 mit einem Vorwort und drei Corollarien, Berlin 1987.

Schmitt, C., Ex Captivitate Salus, Köln 1950.

Seel, M., Versuch über die Form des Glücks, Frankfurt a.M. 1999.

Sellner, M., Identitär! Geschichte eines Aufbruchs, Schnellroda [3]2019.

Sen, A., Die Identitätsfalle. Warum es keinen Krieg der Kulturen gibt, München [3]2007.

Shklar, J., Der Liberalismus der Furcht, Berlin 2013.

Shklar, J., Über Ungerechtigkeit. Erkundungen zu einem moralischen Gefühl, Frankfurt a.M. 1997.

Snyder, T., Über Tyrannei. Zwanzig Lektionen für den Widerstand, München 2017 (EBook).

Sommerfeld, C., Wer gehört zu uns?, in: Sezession 88 – Volk, Schnellroda 2019, 33-37.

Speckmann, E.J., Grenzflächen. Prinzip der Lebendigkeit im Lebenden, Münster 2013.

Speit, A., APO von rechts? Vorwort, in: Ders. (Hg.), Das Netzwerk der Identitären. Ideologie und Aktionen der Neuen Rechten, Berlin 2018, 9-16.

Speit, A., Reaktionärer Klan. Die Entwicklung der Identitären Bewegung in Deutschland, in: Ders. (Hg.), Das Netzwerk der Identitären. Ideologie und Aktionen der Neuen Rechten, Berlin 2018, 40-41.

Speit, A., Avantgarde rückwärts. Die geistigen Grundlagen der Identitären Bewegung, in: Ders. (Hg.), Das Netzwerk der Identitären. Ideologie und Aktionen der Neuen Rechten, Berlin 2018, 61-62.

Thimm, J., #BlackLivesMatter. Eine neue Qualität gesellschaftlichen Protests, in: N. Godehardt (Hg.), Urbane Räume. Proteste. Weltpolitik, Berlin 2017, 15-29.

This is not a Drill. An extinction rebellion Handbook, München 2019 (E-Book).

Todorov, T., Abenteuer des Zusammenlebens. Versuch einer allgemeinen Anthropologie, Berlin 1996.

Walgenbach, K., Intersektionalität als Analyseperspektive heterogener Stadträume, in: E. Scambor/F. Zimmer (Hg.), Die intersektionelle Stadt. Geschlechterforschung und Medien an den Achsen der Ungleichheit, Bielefeld 2012.

West, C., Hope on a Tightrope, New York [3]2011.

Why a Compassionate Revolution?, o.J., https://compassionate-revolution.net/why-compassionate-revolution.html (Stand: 10.05.2019).

Wiseman, J., New online political venture the Compassionate Revolution to be launched in Stroud, 22.06.2015, in: https://www.stroudnewsandjournal.co.uk/news/13345796.new-online-political-venture-the-compassionate-revolution-to-be-launched-in-stroud/ (Stand: 10.05.2019).

Worm, U., Programmatik und Ideologie der »Neuen Rechten«, in: Informations- und Dokumentationsstelle gegen Gewalt, Rechtsextremismus und Ausländerfeindlichkeit in Nordrhein-Westfalen (Hg.), »Neue Rechte«. Was steckt dahinter? Materialien zum Rechtsextremismus. Bd. 1, Düsseldorf [2]2000, 10-12.

Žižek, S., Was ist ein Ereignis?, Frankfurt a.M. 2014 (EBook).

Philosophie

Andreas Weber
Sein und Teilen
Eine Praxis schöpferischer Existenz

2017, 140 S., kart.
14,99 € (DE), 978-3-8376-3527-0
E-Book: 12,99 € (DE), ISBN 978-3-8394-3527-4
EPUB: 12,99€ (DE), ISBN 978-3-7328-3527-0

Björn Vedder
Neue Freunde
Über Freundschaft in Zeiten von Facebook

2017, 200 S., kart.
22,99 € (DE), 978-3-8376-3868-4
E-Book: 20,99 € (DE), ISBN 978-3-8394-3868-8
EPUB: 20,99€ (DE), ISBN 978-3-7328-3868-4

Harald Lemke
Szenarien der Ernährungswende
Gastrosophische Essays zur Transformation unserer Esskultur

2018, 396 S., kart.
29,99 € (DE), 978-3-8376-4483-8
E-Book: 26,99 € (DE), ISBN 978-3-8394-4483-2
EPUB: 26,99€ (DE), ISBN 978-3-7328-4483-8

Leseproben, weitere Informationen und Bestellmöglichkeiten finden Sie unter www.transcript-verlag.de

Philosophie

Jürgen Manemann, Eike Brock
Philosophie des HipHop
Performen, was an der Zeit ist

2018, 218 S., kart.
19,99 € (DE), 978-3-8376-4152-3
E-Book: kostenlos erhältlich als Open-Access-Publikation, ISB
978-3-8394-4152-7

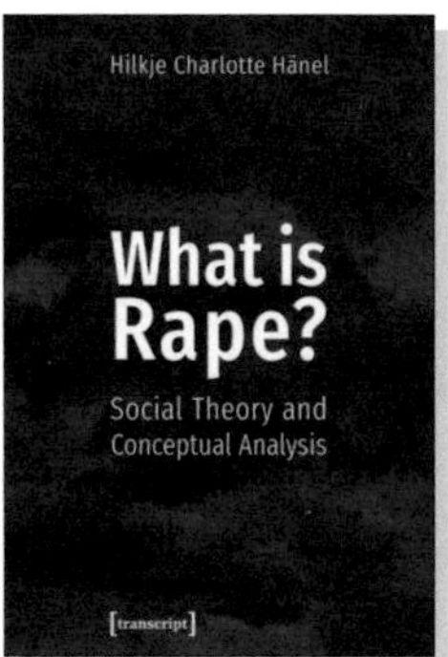

Hilkje Charlotte Hänel
What is Rape?
Social Theory and Conceptual Analysis

2018, 282 p., hardcover
99,99 € (DE), 978-3-8376-4434-0
E-Book: 99,99 € (DE), ISBN 978-3-8394-4434-4

Dirk Braunstein
Wahrheit und Katastrophe
Texte zu Adorno

2018, 372 S., kart.
39,99 € (DE), 978-3-8376-4269-8
E-Book: 39,99 € (DE), ISBN 978-3-8394-4269-2

Leseproben, weitere Informationen und Bestellmöglichkeiten finden Sie unter www.transcript-verlag.de